UNIVERSIDADE
AbERTA
www.univ-ab.pt

Revista de Ciências da Computação

nº 9, 2014

ISSN 1646-6330 (publicação em papel)
ISSN 2182-1801 (publicação eletrónica)

Disponível em:
http://rcc.dcet.uab.pt
http://lead.uab.pt/OJS/index.php/RCC/index

Indexada em:
RCAAP - Repositório Científico de Acesso Aberto de Portugal
DOAJ - Directory of Open Access Journals
EBSCO - BSCOhost Online Research Databases

Política Editorial
Revista das Ciências da Computação é a revista científica da Universidade Aberta, com âmbito multidisciplinar, intervindo nas áreas de Linguagens de Programação, Análise de Sistemas de Informação, Inteligência Artificial e Redes Multimédia.

A política editorial é publicar artigos originais e de elevada qualidade, garantindo aos autores uma rápida resposta relativamente aos trabalhos submetidos. Pretende-se ver publicados trabalhos de alunos do 1º, 2º e 3º ciclo do Ensino Superior, bem como de Investigadores. Está prevista a publicação de um número por ano.

Processo de Revisão por Pares
Os artigos serão objeto de pelo menos duas revisões anónimas.

Política de Acesso Livre
Esta revista oferece acesso livre imediato ao seu conteúdo, seguindo o princípio de que disponibilizar gratuitamente o conhecimento científico ao público proporciona maior democratização mundial do conhecimento.

Editorial

Apresentamos o mais recente número da Revista de Ciências da Computação. As primeiras palavras de agradecimento vão para os autores, para os membros do conselho editorial encarregues das revisões científicas e para os revisores de língua portuguesa e inglesa.

Para abrir o nono número, oferece-se ao leitor dois artigos de estudantes da licenciatura em informática, o primeiro sobre redes sociais e o segundo sobre redes de computadores. Segue-se um interessante artigo na área da realidade virtual aplicado às ciências farmacêuticas. O quarto artigo aborda um tema emergente do consumo energético dos sistemas de informação. Segue-se um artigo da área das redes neuronais e mapas auto-organizados. O sexto artigo retoma outro tema emergente do impacto da computação em nuvem nas organizações empresariais. Finalmente, é apresentada uma nota leitura / recensão crítica da obra "moodle for mobile learning".

Este número terá brevemente uma edição em papel disponível na Amazon com o título Revista de Ciências das Computação nº9.

Entretanto, convidam-se os autores a submeter trabalhos originais em língua portuguesa ou inglesa para o próximo número da Revista das Ciências da Computação da Universidade Aberta.

Luís Cavique
abril 2015

Revista de Ciências da Computação, 2014, nº9

Índice

(esta página par está propositadamente em branco)

Métricas de Centralidade em Redes Sociais

Paula Alexandra Laranjeira

Licenciada Informática, Univ. Aberta, xana_gouveia@sapo.pt

Luís Cavique

Univ. Aberta, lcavique@uab.pt

Resumo

Nos modelos de redes sociais, tal como na teoria de grafos, os vértices representam os atores e as arestas ou arcos a relação entre eles. Atores influentes são aqueles que estão frequentemente envolvidos na relação com outros atores. Este envolvimento torna-os mais visíveis sendo considerados mais centrais na rede. É neste sentido que as métricas de centralidade tentam descrever as propriedades da localização de um nó fulcral numa rede. Estas medidas têm em consideração os diferentes modos de interação e comunicação de um ator com os restantes elementos, sendo mais importantes, ou centrais, aqueles que estão localizados em posições mais estratégicas na rede. Neste trabalho apresenta-se o estudo de cinco métricas de centralidade: grau, proximidade, intermediação, vetor próprio e katz. Descrevem-se os algoritmos implementados no cálculo das medidas e apresenta-se um caso de estudo. Para completar o estudo é apresentada uma análise comparativa entre os resultados obtidos no aplicativo NodeXL, e os resultados obtidos através dos algoritmos implementados.

palavras-chave: redes sociais, centralidade, proximidade, intermediação, vetor próprio, Katz

Abstract

Considering models for social networks as graphs, nodes represent the actors and the edges represent the relationship between them. Influential actors are the ones that are frequently involved on relationships between other actors. This involvement makes them more visible and considered more central on the network. In this sense centrality metrics try to describe the localization properties of an important node of the network. These measures have in consideration the different interaction and communication modes an actor has with others, being more important or central the ones that are located on more strategic locations on the network. On this work it is presented the study of five centrality measures: degree, closeness, betweenness, eigenvector and katz. It is made a description of the algorithms implemented, and it is presented a case study. To complete the study it is also made a comparative analysis between results obtained with NodeXL, and the results from the algorithms implemented.

keywords: social network, centrality, closeness, betweenness, eigenvector, katz

1. Introdução

Segundo alguns investigadores os seres humanos têm muito mais predisposição para reconhecer padrões do que para pensar através de combinações lógicas, pois segundo estes, este tipo de reconhecimento está implícito e é mais facilmente assimilado pelo circuito neurológico humano.

Segundo Steven Johnson [Johnson 2001], essas faculdades compensam a velocidade extremamente baixa dos neurónios, que são milhões de vezes mais lentos que alguns computadores a resolver problemas. No entanto, por ser um sistema paralelo de grande porte, com 100 milhares de milhões de neurónios a trabalhar em simultâneo, o cérebro pode protagonizar proezas admiráveis no que concerne ao reconhecimento de padrões, como a identificação ou interpretação de imagens. Com esta capacidade, as pessoas podem classificar situações, vivências, experiências, formando uma imagem bem definida de dados muitas vezes difíceis de serem interpretados pelo computador. Assim, se o mapeamento estrutural gráfico das redes sociais pudesse ser disponibilizado, o cérebro humano utilizaria a sua principal habilidade cognitiva para prover informações cruciais, mas despercebidas às melhores máquinas.

O propósito do estudo de métricas de redes é permitir entender tanto a estrutura dos sistemas conectados quanto as formas pelas quais diferentes tipos de influência se propagam através deles. Por padrão entende-se uma figuração específica que se caracteriza por uma regularidade, repetição de partes e acumulação de elementos. Obviamente, o reconhecimento de padrões e a compreensão das suas origens constiutuirão apenas um primeiro passo. Será também necessário saber como interagir e como utilizar as propriedades das redes a favor da causa humana [Watts 2003].

Na análise clássica de redes sociais existem dois conjuntos de métricas: a centralidade dos nós e as componentes conexas [Scoot 2000]. Neste trabalho iremos discutir e comparar diferentes formas de calcular a centralidade. Ao conceito de centralidade associa-se o conceito de poder e de influência dos atores adjacentes.

Este artigo está estruturado em 7 secções. Nas Secções 2 e 3 são definidos conceitos básicos de redes sociais e grafos. Na Secção 4 são apresentadas as cinco métricas de centralidade das redes sociais que iremos desenvolver neste artigo. Na Secção 5 são apresentados os algoritmos desenvolvidos e a sua implementação. Na Secção 6 os resultados computacionais são detalhados. Finalmente da Secção 7 são elaboradas as conclusões.

2. Redes Sociais

Uma rede pode ser expressa matematicamente por um grafo que é constituído por um conjunto de pontos, os nós ou vértices, conectados por linhas que expressam uma relação entre eles, as arestas. O conceito de Rede Social pode ser descrito como uma estrutura social composta de nós que estão relacionados por um ou vários tipos de relações. Os nós representam pessoas ou organizações, e as relações podem ser de comunicação, financeiras, profissionais, amorosas, etc.

Reduzida ao esqueleto básico, uma rede constitui simplesmente um conjunto de objetos conectados entre si de certa forma. *Routers* na Internet, neurónios num cérebro, rotas de aviação, etc. são exemplos de redes, embora distintas. Atualmente, o ramo da matemática conhecido como Teoria dos Grafos, proposto originalmente pelo matemático Leonhard Euler, constitui a base da modelação matemática para o estudo da ciência das redes.

A Teoria de Grafos tem sido muito utilizada nas análises de redes sociais devido à sua capacidade representacional e simplicidade. Basicamente, um grafo é constituído por nós (n) e ligações (l) ou arestas (E de *edge*) que conectam os nós. Em redes sociais a representação por grafos também é chamada de sociograma, em que os nós são os atores ou eventos e as linhas de ligação estabelecem o conjunto de relações num desenho bidimensional.

Uma rede social é um conjunto de pessoas ou grupos de pessoas, ligados entre si por relações que podem ser profissionais, familiares ou outras. Os estudos neste campo iniciaram-se nos anos trinta por Moreno [1934] com a representação gráfica das redes sociais, os sociogramas. A introdução de modelos matemáticos foi iniciada por Rapoport [1957] e continuada por Erdos e Renyi [1959] na criação dos grafos aleatórios. Outro estudo importante, na área da sociologia, foi desenvolvido por Milgram [1969] que levaram ao conceito de "pequeno mundo" (*small world*) e à noção dos "seis graus de separação". A experiência consistiu no envio de cartas entre dois pontos distintos, do Nebraska, no meio-oeste, até à costa leste dos EUA, em Massachusetts. Foi pedido às pessoas que não utilizassem o correio mas os seus contactos para enviarem as cartas. As cartas que chegaram ao seu destino precisaram de passar, em média, por cerca de 6 pessoas intermediárias, o que levou Milgram a concluir que, neste caso, os americanos estão aproximadamente à distância de 6 passos entre si.

O conceito de redes sociais ganhou uma nova dinâmica com a emergência da Web 2.0. Em Junho de 2008, o Facebook ultrapassou mundialmente o MySpace em número total de utilizadores, tornando-se a maior rede social online já existente. Ellison, Steinfeld, Lampe [2007] fizeram um estudo amplo indicando como o Facebook, enquanto suporte das relações sociais, modificou os processos sociais, permitindo que atores que não tinham mais contacto devido à distância pudessem investir ainda nesses laços sociais. Essas características mostram-nos que há uma mudança no suporte da interação, que vai permitir que as conversações, antes mapeadas unicamente pela observação, sejam facilmente registadas. Pela primeira vez, graças aos recursos proporcionados pela Web 2.0, como os sites de rede social, os atores passam a registar as suas conversas, as suas interações e as suas redes. E com isso, o mapeamento dessas redes ganha novo potencial no sentido de que, pela primeira vez, é possível mapear gostos, atos, ideias e conexões de milhares de pessoas, procurar e estabelecer padrões entre essas múltiplas redes, principalmente através das interações que são mediadas por essas ferramentas. O estudo das redes sociais é, portanto, o estudo dos padrões sociais. Com a Web esses padrões tornam-se mais evidentes, há a possibilidade de estudá-los de uma forma mais abrangente e em maior escala.

Depois das abordagens das redes sociais estudadas pela sociologia e pela matemática, emerge uma terceira escola, a das Redes Complexas. O trabalho pioneiro de Watts e Strogatz [1998] publicado na *Nature*, estuda grafos com propriedades de pequenos-mundos e com grau de distribuição com ausência de escala (free-scale). Segue-se o modelo de Barabási e Albert [1999] e os modelos epidemiológicos SIR que vêm definir novas fronteiras para as redes em sistemas dinâmicos.

3. Grafos

3.1. Algumas propriedades

Os grafos são formas abstratas utilizadas na representação de redes. Um grafo G é definido pelo par ordenado (V,E), em que V é um conjunto de vértices e E é um conjunto de arestas. Cada aresta e pertencente ao conjunto E denota-se por $e = (v, w)$ sendo este um par de vértices. Os vértices v e w são os extremos da aresta e são denominados vértices adjacentes ou vizinhos. A aresta e é dita incidente a ambos os vértices v e w, ou seja, a aresta parte de um e chega ao outro vértice.

O Grafo não direcionado é aquele em que a relação (v, w) é simétrica. Neste caso, existe uma aresta direcionada que une v e w, sendo que o contrário também ocorre. Em consequência disso, podemos dizer que as arestas que ligam os vértices não possuem orientação.

A Figura 1 representa um grafo formado pelo conjunto de vértices $V = \{a, b, c, d, e, f, g\}$, e cada par de vértices que se conectam formam as arestas, pertencentes ao conjunto $E = \{(a, c), (b, c), (c, d), (d, e), (d, f), (d, g)\}$.

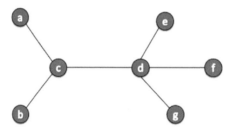

Figura 1 - Grafo não direcionado

Um grafo $G(V, E)$ é conexo quando existir um caminho entre cada par de vértices, caso contrário, é dito desconexo. Desse modo, se existir pelo menos um par de vértices que não esteja conectado através de um caminho o grafo é desconexo. Na Figura 2 temos um grafo conexo em (a), pois sempre podemos encontrar um caminho entre quaisquer pares de vértices escolhidos. Em (b) isso não acontece, pois se escolhermos o nó 3 e o nó 1, verificamos que não existe nenhum caminho conectando esse par de nós.

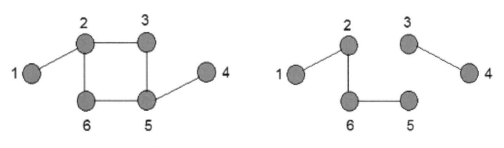

Figura 2 (a) - Grafo conexo   **(b)** Grafo desconexo

3.2. Representação da Matriz de adjacência

Diversas representações matriciais resultam de estruturas de grafos e o seu uso está, habitualmente, associado à necessidade da realização de cálculos envolvendo dados estruturais. A matriz mais utilizada é a matriz de adjacência (A), ver Figura 3. Esta é uma matriz quadrada, cuja ordem n corresponde ao número de vértices que o grafo possui; cada linha e cada coluna desta matriz correspondem a um vértice do grafo. Os elementos dessa matriz estão associados aos dados estruturais do grafo $G(V, E)$, ver Figura 4. Estes elementos possuem valores não nulos quando existem conexões entre os vértices correspondentes aos elementos e valores nulos caso contrário. Quando se tratam de grafos valorados, nos quais as arestas possuem pesos, os valores dos elementos não nulos da matriz de adjacência recebem o peso da aresta. Para grafos não valorados, os elementos não nulos recebem o valor 1.

$$A = [a_{ij}] \quad a_{ij} = \begin{cases} 1, se \exists (i,j) \in E \\ 0, se \nexists (i,j) \in E \end{cases}$$

Figura 3 - Definição de matriz de adjacência de grafo não valorado

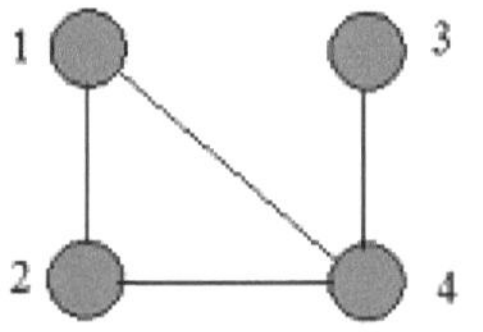

$$A_{G_1} = \begin{bmatrix} 0 & 1 & 0 & 1 \\ 1 & 0 & 0 & 1 \\ 0 & 0 & 0 & 1 \\ 1 & 1 & 1 & 0 \end{bmatrix}$$

Figura 4 - Grafo e respetiva matriz de adjacência

A matriz de adjacência de um grafo não direcionado é uma matriz simétrica.

4. Medidas de Centralidade

As medidas de centralidade surgem no contexto da análise de redes sociais [Landherr, Friedl, Heidemann 2010]. Intuitivamente, numa rede, os vértices mais centrais são aqueles a partir dos quais podemos atingir qualquer outro com mais facilidade ou rapidez. As medidas de centralidade identificam a posição de um individuo relativamente a outros na sua rede. A centralidade traduz também a ideia de poder. Assim, quanto mais central o indivíduo, maior influência e poder terá na sua rede [Gama 2012].

4.1. Centralidade de Grau

A conceção mais simples e intuitiva no que diz respeito à centralidade de um vértice é o número de contatos diretos que ele possui. Uma pessoa que se encontra numa posição que permite o contato direto com muitos outros é vista pelos demais como um canal maior de informação, razão pela qual dizemos ser mais central. Assim, a centralidade de grau nada mais é que a contagem do número de adjacências de um vértice.

Seja G um grafo qualquer (conexo ou não) com n vértices e seja x um vértice de G. A centralidade de grau de x denotada por $\sigma_D(x)$, é o número de arestas incidentes a x. Recorrendo à matriz de adjacências do grafo, tem-se:

$$\sigma_D(x) = \sum_{i=1}^{n} a_{ix} \tag{1}$$

onde a_{ix} são elementos da matriz de adjacência $A(G)$.

4.2. Centralidade de Proximidade

Uma outra medida [Sabidussi 1966] designa-se centralidade de proximidade e tem por base a soma das distâncias de um vértice em relação aos demais vértices do grafo. Em diferentes contextos, mais importante que ter muitas ligações é não estar longe demais dos restantes elementos.

Seja G um grafo conexo com n vértices e seja x um vértice de G. A centralidade de proximidade de x é dada pelo inverso da soma das distâncias de x a todos os outros vértices do grafo, ou seja,

$$\sigma_C(x) = \frac{1}{\sum_{i=1}^{n} d_G(x,i)} \tag{2}$$

onde $d_G(x, i)$ corresponde à distância de x a i.

4.3. Centralidade de Intermediação

Esta medida permite medir a capacidade que um ator tem de poder influenciar os seus pares numa rede. A ideia desta medida pode facilmente compreender-se na seguinte analogia: uma cidade integrada em várias rotas comerciais terá certamente uma vantagem estratégica, o que motiva a seguinte ideia: um nó importante faz parte de muitos caminhos.

Seja G um grafo (conexo ou não) com n vértices e seja x um vértice de G. A centralidade de intermediação de x é dada por:

$$\sigma_B(x) = \sum_{i=1}^{n} \sum_{i<j}^{n} \frac{g_{ij}(x)}{g_{ij}}, i, j \neq x \tag{3}$$

onde g_{ij} representa o número de caminhos mínimos do vértice i ao vértice j e $g_{ij}(x)$ indica a quantidade desses caminhos mínimos que passam por x.

4.4. Centralidade do Vetor Próprio

Esta medida tem por base os conceitos de valor próprio e vetor próprio da matriz de adjacência do grafo G. Refere-nos que outra maneira de interpretar a centralidade é pensar que a centralidade de um vértice está em função dos vértices vizinhos, ou seja, que um nó importante tem vizinhos importantes [Bonacich, Lloyd 2001].

Considere-se que a centralidade do vetor próprio, $\sigma_E(x)$, é proporcional (por um fator λ^{-1}) à soma das centralidades dos seus vizinhos e tem-se que:

$$\sigma_E(x) = \frac{1}{\lambda_{\max(A)}} \sum_{j=1}^{n} a_{jx}.v_j \qquad (4)$$

onde $\lambda_{\max}(A)$ é maior valor próprio (em módulo) da matriz de adjacências A e $v = (v_1, \ldots, v_n)^T$ é o vetor próprio associado a ele.

A escolha do valor próprio de maior valor absoluto da matriz de adjacência [Bonacich 2001] tem por base o teorema de Perron-Frobenius:

Teorema Perron-Frobenius - *Seja A uma matriz quadrada, irredutível, de ordem n com entradas não negativas. Então existe um vetor próprio v de componentes todas positivas e o correspondente valor próprio ρ é simples e tal que para qualquer valor próprio λ de A, $|\lambda| \leq \rho$.*

4.5. Centralidade de Katz

Ao efetuar uma combinação linear do número total de caminhos de tamanho arbitrário de x para outros vértices, por exemplo, atribuindo um peso k^i aos caminhos de tamanho i, obtém-se a centralidade de Katz, proposta por este em 1953, na qual:

$$\sigma_K(x) = \vec{1}^T \left(\sum_{i=1}^{\infty} k^i A^i \right) \vec{e_x} \qquad (5)$$

onde: $\vec{1} = (1,1,\ldots,1,1)^T$, $\vec{e_x} = (0,\ldots,0,1,0,\ldots,0)^T$ e matriz A^i cuja entrada a_{xy} representa o número de caminhos de comprimento i de x a y.

O teorema apresentado a seguir garante a convergência da série $\sum_{i=1}^{\infty} k^i A^i$ e deste forma permite simplificar a métrica de Katz [1953].

Teorema : *Seja λ_1 o maior valor próprio de A.*

$$Se\ |k| < \frac{1}{\lambda_1}, então\ \left(\sum_{i=1}^{\infty} k^i A^i \right) \longrightarrow (I_n - kA)^{-1} - I_n$$

A versão simplificada da Centralidade de Katz é obtida para um valor de k mais pequeno do que o inverso do máximo valor próprio de A (matriz adjacência do grafo G) tem-se:

$$\sigma_K(x) = \vec{1}^T ((I_n - kA)^{-1} - I_n)\vec{e_x}, \qquad (6)$$

sendo I_n a matriz identidade de dimensão $n = |V_G|$.

5. Implementação das métricas de centralidade

O *software* que permite determinar as métricas referidas e cuja *interface* pode ser observada na Figura 5 foi construído recorrendo a duas linguagens de programação: o Java e o *software* de computação estatística R. Usou-se o R devido ao seu poderoso cálculo vetorial e matricial, tendo sido usado para implementar os *scripts* que calculam as métricas de grau, vetor próprio e katz e ainda desenhar o grafo e os gráficos de todas as medidas em estudo. O Java foi usado para implementar outros algoritmos, tais como as adaptações dos algoritmos de Floyd [1962] e de Dijkstra [1959], suportar todo o código base da aplicação, e ainda efetuar a ligação entre a GUI e os scripts de R. Apresenta-se de seguida uma síntese do trabalho realizado.

Figura 5 -Interface gráfica do software implementado

5.1. Implementação de scripts de R
As scripts que desenham o grafo e os gráficos de todas a métricas e que calculam as medidas de centralidade de Grau, Vetor Próprio e Katz, com base na matriz adjacência, foram implementados em scripts do R. Para as restantes duas medidas de centralidade, proximidade e intermediação, apenas se usou o R para elaborar os gráficos. Os algoritmos de encaminhamento fundamentais à sua determinação foram implementados em Java.

No menu Grafo foi implementada a script *grafo.R* que permite o desenho do grafo de uma determinada rede (vide Figura 6) e que tem por base a biblioteca *igraph* do R, implementando métodos que permitem desenhar o grafo e determinar a matriz adjacência. Todas as outras métricas dependem da correta execução desta. Estas scripts usam as potencialidades do R, nomeadamente o cálculo matricial.

Na implementação da script que determina a medida de centralidade de vetor próprio recorre-se a funções do R que permitem o cálculo do valor próprio de maior valor absoluto da matriz de adjacência e respetivo vetor próprio associado.

Figura 6 - Rede de estudo com 23 nós e 39 arestas

A invocação de funções do R a partir da aplicação Java foi implementada recorrendo à API JRI (agora integrada do projeto rJava). O processo de invocação consiste em instanciar um objeto da classe Rengine. Este objeto é depois usado para instanciar variáveis em R, passar instruções e obter o valor de variáveis. Para a integração de gráficos construídos em R em componentes Swing recorreu-se a outra API JavaGD.

5.2. Implementação em Java

Foram implementadas duas adaptações de dois importantes algoritmos teóricos das ciências das redes: Algoritmo de Floyd e Algoritmo de Dijkstra. E tal como pode observar-se na Figura 7, é dada a possibilidade de escolha ao utilizador sobre o algoritmo pretendido para o cálculo das métricas de intermediação e também da proximidade. Esta escolha serve apenas para enriquecer o *software* e possibilitar uma análise comparativa de desempenho para as várias amostras de estudo pois, ambos os algoritmos permitem obter os mesmos valores de encaminhamento necessários ao cálculo de cada uma destas métricas. Em ambos se obtém uma estrutura de dados que permite, entre quaisquer dois pares de nós, obter não apenas as distâncias como também o número total de caminhos mínimos que passam ou não por um determinado nó.

Definida a estrutura de dados com a informação relevante de encaminhamento foram implementados em Java os algoritmos de cálculo das métricas de proximidade e intermediação.

Muito embora os dois algoritmos de encaminhamento escolhidos permitam obter os mesmos dados necessários ao cálculo das métricas de proximidade e de intermediação, eles são, contudo, algoritmos muito distintos na sua implementação. Desta forma, apresenta-se uma breve análise de cada uma destas adaptações implementadas que têm por base as implementações dos algoritmos originais.

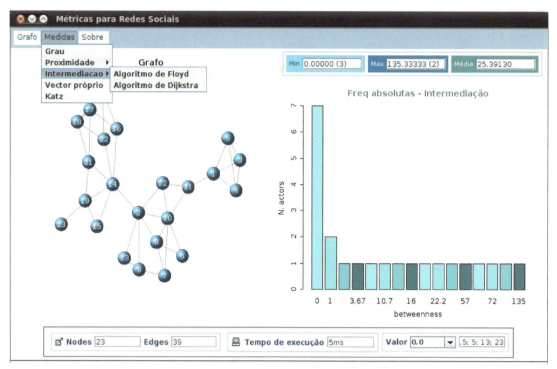

Figura 7 - Cálculo da Intermediação para a rede de estudo com 23 nós e 39 arestas

O algoritmo clássico de Floyd utiliza matrizes para determinar o peso dos caminhos mínimos entre todos os pares de nós. Neste são feitas n iterações que correspondem ao número total de nós da rede. A ideia básica deste algoritmo é verificar a cada iteração se a inclusão de um nó k intermédio no caminho de i para j pode reduzir o peso de um caminho já determinado. A cada iteração corresponde uma matriz $n \times n$ cujos valores são modificados utilizando a fórmula de recorrência:

$$d_{ij}{}^{k} = min\{d_{ik}{}^{k-1} + d_{kj}{}^{k-1}, d_{ij}{}^{k-1}\} \qquad (7)$$

onde $d_{ij}{}^{k}$ é o peso mínimo entre os nós i e j na k-ésima matriz de iteração.

Estrutura do algoritmo de Floyd

1. Define-se a matriz D^0, cujos valores d_{ij}^0 correspondem ao peso das arestas (i,j) se estas estão definidas ou $d_{ij} = \infty$ caso contrário. Convenciona-se que o peso de um nó definido para ele mesmo é 0 e assim a diagonal da matriz será $d_{ii} = 0$ para todo o i.

2. Para cada k = 1...n determinam-se sucessivamente os elementos da matriz D^k a partir dos elementos de D^{k-1} utilizando a expressão (7).

3. O processo do passo2 é repetido até k = n e neste caso o valor do peso mínimo de todos os pares i, j do grafo estarão definidos na matriz D^n.

Na adaptação ao algoritmo proposta no trabalho desenvolvido, a matriz D^n será uma estrutura de dados que irá conter entidades que têm informação relativa não apenas às distâncias como também ao número total de caminhos mínimos, entre quaisquer dois pares de nós e ainda à lista de nós intermédios contidos nesses caminhos.

Tal como no algoritmo clássico, nesta adaptação são necessários três ciclos um para cada nova iteração de uma nova matriz e os outros dois para percorrer todas as posições da matriz. No entanto, como a matriz D^0 é simétrica, o 3º ciclo apenas percorre a triangular superior.

O algoritmo de Dijkstra assemelha-se ao algoritmo de busca em largura (Breadth-First Search - BFS), mas é um algoritmo guloso, ou seja, toma a decisão que parece ótima a cada momento. No algoritmo original, assim que é encontrado um caminho mínimo de A para B, os outros caminhos encontrados são descartados, mesmo que tenham o mesmo peso. Deste modo, esta foi uma entre muitas alterações que foi considerada na adaptação deste algoritmo, pois para calcular a medida da intermediação precisamos de saber o número total de caminhos mínimos entre A e B. De modo a garantir esta busca em largura otimizada, a ideia implementada consiste no seguinte: inicia-se a pesquisa no nó origem A e procuram-se todos os vizinhos deste nó, analisa-se cada um destes, e se algum for o nó destino, sabe-se que se encontrou um caminho. Todos os outros vizinhos podem ser desconsiderados, porque já não conseguem atingir o destino com um peso igual ou inferior. Na situação em que nenhuma das adjacências atinge o destino, constrói-se um novo caminho candidato para cada vizinho. Estes novos caminhos candidatos têm como pontos intermédios os nós do caminho anterior (que lhes deu origem).

Neste tipo de pesquisa é preciso garantir que não se entra em ciclo e para tal nesta implementação guardam-se as listas de intermédios que vão surgindo numa *hashtable* indexada por nome, e verifica-se em cada iteração se esse nome já é uma chave existente da *hashtable*.

Todos os candidatos a caminhos são guardados numa *LinkedList*, que tem referência direta para o primeiro e último nó da lista. Esta *LinkedList* desempenha o papel de um FIFO que guarda os candidatos. Sempre que se analisa um novo candidato, é escolhido o primeiro da lista. Sempre que se encontram novos candidatos eles são acrescentados ao final da lista. Desta forma, garante-se que a pesquisa é feita em largura. A implementação da *LinkedList* é a que mais se adequa a esta forma de uso, diminuindo a complexidade do algoritmo.

No início da análise de cada candidato, compara-se o seu peso com o peso mínimo de encaminhamento entre a origem e o destino naquela altura da execução. Se o presente candidato já tem um peso superior ao do caminho mínimo, ele pode ser imediatamente descartado.

6. Resultados Computacionais

O grafo considerado no caso de estudo é constituído por 23 nós e 39 arestas (vide Figura 8) e a instância que traduz esta rede tem o formato apresentado na Tabela 1. O ficheiro com extensão .*txt* ou .*csv* é composto por: comentários c (1ª linha), parâmetros p (2ªlinha) número total de vértices (nodes) e número total de arestas (edges), conjunto de arestas (v_i, v_j) (a partir da 3ª linha) ordenado pelo vértice origem (v_i).

Tabela 1 - Amostra k1-rede-23

c	nodes	edges
p	23	39
e	1	3
e	1	4
e	1	5
e	1	11
e	2	8
...	...	...

Segue-se a apresentação comparativa de resultados fornecidos pelo software apresentado e pelo NodeXL.

Grafo

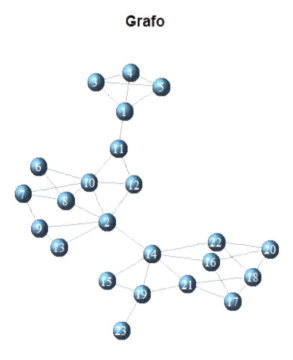

Figura 9 - Grafo k1-rede-23

6.1. Centralidade do Grau

Os resultados obtidos no *software* apresentado e no NodeXL foram unânimes. Os nós 2, 10 e 14 são os que apresentam o maior grau 6 (vide Figuras 9 e 10).

Figura 9 - Grau: Máximo grau 6 ao qual correspondem os nós 2,10 e 14

Todos estes nós, 2, 10 e 14, apresentam um maior número de ligações (6) com outros nós, podemos afirmar que são atores muito populares nesta rede social.

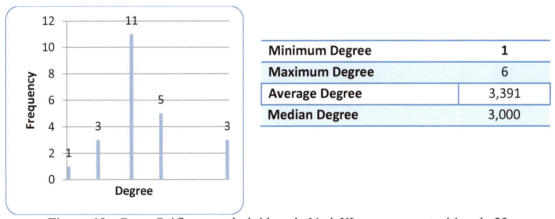

Figura 10 - Grau: Gráfico e *rank* obtido pelo NodeXL para a amostra k1-rede-23

No NodeXL o resultado gráfico não é tão evidente, mas é possível verificar que existem 3 nós que têm grau máximo 6. Sendo o NodeXL um aplicativo do programa Microsoft Excel é fácil comprovar na utilização do programa, efetuando uma consulta nas tabelas que os 3 nós são respetivamente o 2, o 10 e o 14.

6.2. Centralidade da Proximidade
A observação dos valores obtidos para o máximo em ambos os *softwares* permite concluir que apesar de um ligeiro erro de arredondamento, o nó 2 é o que apresenta maior valor de centralidade de proximidade (0.02040) (vide Figuras 11 e 12). Os resultados são mais uma vez concordantes.

A ligeira diferença nos gráficos deve-se ao facto do NodeXL efetuar um agrupamento de valores em classes com uma determinada amplitude.

Figura 11 - Proximidade: Gráfico e *rank* para a amostra k1-rede-23

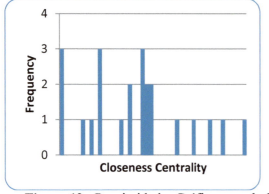

Minimum Closeness Centrality	**0,010**
Maximum Closeness Centrality	0,020
Average Closeness Centrality	0,014
Median Closeness Centrality	0,015

Figura 12 - Proximidade: Gráfico e *rank* obtido pelo NodeXL para a amostra k1-rede-23

Segundo esta medida o nó 2 é o ator mais próximo de todos os outros atores da rede, sendo aquele que apresenta a menor distância a todos os membros da rede.

6.3. Centralidade da Intermediação

Tal como na métrica anterior, a observação dos valores obtidos para o máximo em ambos os softwares permite concluir que o nó 2 é o que apresenta maior valor de centralidade de intermediação (135.(3)) (vide Figuras 13 e 14). Os resultados foram mais uma vez unânimes.

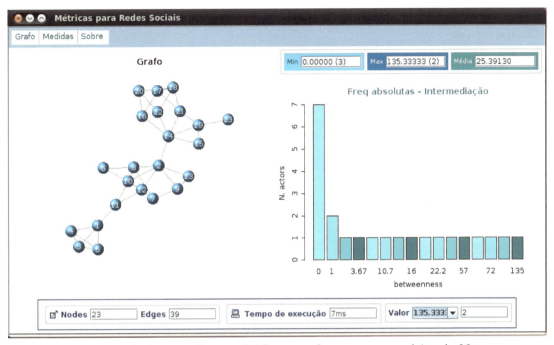

Figura 13 - Intermediação: Gráfico e *rank* para a amostra k1-rede-23

O nó 2 é um ator com intermediação máxima pois é um elo importante entre os vários grupos de nós e por ele circula grande parte do fluxo de informação entre os diferentes membros da rede. É caso para dizer que quanto mais atores dependem deste para estabelecer ligações mais poder este ator tem.

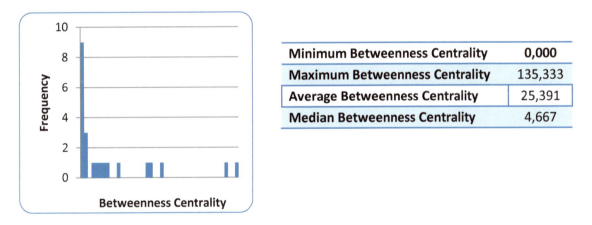

Figura 14 - Intermediação: Gráfico e *rank* obtido pelo NodeXL para a amostra k1-rede-23

6.4. Centralidade do vetor próprio

Ao contrário dos resultados anteriores, verifica-se uma diferença dos valores entre o *software* proposto e o NodeXL, visto que no NodeXL o valor do vetor próprio encontra-se normalizado. Enquanto o valor máximo para o NodeXL é de 0.106, o máximo para o *software* desenvolvido é 0.431 (vide Figuras 15 e 16). No entanto, ambos correspondem ao mesmo nó 2.

Figura 15 - Vetor próprio: Gráfico e *rank* para a amostra k1-rede-23

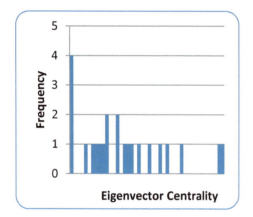

Minimum Eigenvector Centrality	0,010
Maximum Eigenvector Centrality	0,106
Average Eigenvector Centrality	0,043
Median Eigenvector Centrality	0,039

Figura 16 - Vetor próprio: Gráfico e *rank* obtido pelo NodeXL para a amostra k1-rede-23

A conclusão desta medida indica-nos que um nó importante tem vizinhos importantes, o ator 2 é importante porque depende de outros atores também eles importantes, é o caso, por exemplo dos vizinhos 8, 9,10, 12, 13 e do 14. Atores que têm mais ligações têm mais oportunidade porque têm mais escolhas.

6.5. Centralidade de Katz

O NodeXL não efetua o cálculo da métrica de centralidade de Katz, pelo que neste caso não é possível ter uma comparação. De qualquer modo, esta é apresentada a título de curiosidade e tal como na métrica anterior o nó 2 é o que tem maior valor de centralidade de katz (vide Figura 17).

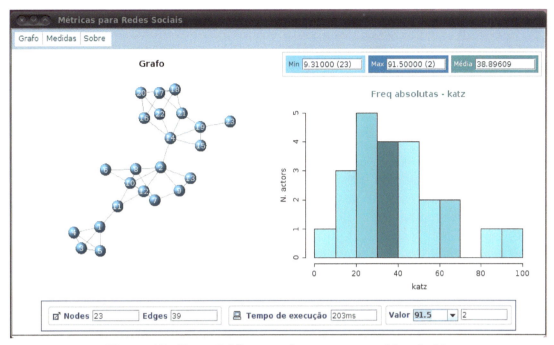

Figura 17 - Katz: Gráfico e *rank* para a amostra k1-rede-23

Nesta métrica, não apenas as ligações aos vizinhos diretos são importantes, mas também as interligações entre vizinhos dos vizinhos são importantes.

6.6. Síntese dos resultados computacionais

Na Tabela 2 apresenta-se a síntese comparativa dos resultados obtidos pelos dois softwares para a amostra em estudo e tecem-se algumas conclusões.

Tabela 2 - Síntese dos resultados da amostra k1-rede-23

Métricas	Software proposto	NodeXL
Grau	2, 10, 14	2, 10, 14
Proximidade	2	2
Intermediação	2	2
Vetor próprio	2	2
Katz	2	-

Ao analisar a Tabela 2 verifica-se que o ator número 2 tem certamente um papel fulcral nesta organização social. Este será sem dúvida um ator que dá coesão à rede e pelo qual o fluxo de informação circula chegando mais rápido e de forma mais abrangente a todos os outros atores da rede. Este poderá ser o ator importante na identificação de algum tipo de padrão que relacione os membros daquela organização.

Na métrica de grau são identificados outros atores importantes ou populares como é o caso do 10 e do 14. Estes atores são, em conjunto com o 2, os que apresentam mais ligações com os restantes elementos da rede, são portanto, os mais populares. Mas ao estudar outras métricas os atores 10 e 14 perdem a sua posição no ranking destacando-se apenas o ator 2.

O programa NodeXL não efetua o cálculo da métrica de Katz, desta forma não é possível tecer algum tipo de conclusão.

Noutras instâncias analisadas, as conclusões sobre um ou mais nós fulcrais na rede foram sempre concordantes para ambos os aplicativos (software desenvolvido e NodeXL).

Nalguns casos de estudo realizados demonstrou-se existirem mais do que um ator com importância ou poder na mesma rede. E diferentes medidas de centralidade apontavam diferentes atores como tendo um papel fundamental na rede. Isto significa que um ator importante para uma dada métrica de centralidade pode não ser tão crucial na análise de outras métricas de centralidade. Deste modo, as medidas em estudo devem ser analisadas em conjunto para poder formar-se algum tipo de conclusão pertinente à obtenção de informação que possa ser traduzida em conhecimento no estudo de uma dada rede social.

7. Conclusões

Neste artigo pretendeu-se dar a conhecer a importância e o modo de cálculo de algumas métricas de centralidade aplicadas a redes sociais. A implementação do *software* permite calcular cinco métricas de centralidade.

O *software* foi construído recorrendo a duas linguagens de programação: o Java e o *software* de computação estatística R. Com o uso do programa R, o cálculo de algumas métricas acabou por se tornar muito vantajoso, ao invocar os scripts de R através do Java. As métricas de proximidade e de intermediação foram implementadas em Java porque usavam dois algoritmos de cálculo de caminhos mínimos distintos.

No que diz respeito à comparação de resultados obtidos entre as métricas determinadas pelo software dado e o NodeXL, as conclusões não deixam dúvidas, os resultados sobre os nós são unânimes em ambos os programas. No caso da métrica de centralidade de vetor próprio, para a qual foram obtidos valores diferentes, se alterarmos o algoritmo que implementa o cálculo desta métrica de modo a obter a normalização dos vetores próprios teremos mais uma vez, tal como aconteceu em todas as outras métricas, valores iguais em ambos os softwares.

A versão desenvolvida é apenas um protótipo 1.0 que ainda não foi batizado e que poderá ser bastante aperfeiçoado num trabalho futuro. Uma das grandes alterações deverá passar por poder usar o programa em todos os sistemas operativos, pois neste momento apenas é possível usar em Linux; ou ainda, disponibilizá-lo na Web. Outras alterações poderão passar por tornar o ambiente gráfico mais interativo e testá-lo com grandes volumes de dados. A inclusão de outras métricas, como a PageRank, também está nos nossos horizontes.

Referências

Barabási, A.-L., Albert, R. (1999) Emergence of scaling in random networks, Science, vol. 286 (5439), pp. 509–512.

Bonacich P., Lloyd P., (2001) Eigenvector-like measures of centrality for asymmetric relations, Social Networks, vol. 23(3), pp. 191-201.

Dijkstra, E.W.(1959) A note on two problems in connection with graphs, Numerische Mathematik, vol. 1, pp. 269–271.

Ellison, N., Steinfield, C., Lampe, C. (2007) The benefits of Facebook "friends:" social capital and college students' use of online social network sites, Journal of Computer-Mediated Communication, vol. 12, pp. 1143−1168.

Erdos, P., Renyi, A. (1959) On Random Graphs. I., Publicationes Mathematicae, vol. 6, pp. 290–297.

Floyd, R.W. (1962) Algorithm 97: Shortest Path, Communications of the ACM, vol. 5 (6) pp. 345.

Gama, J., A.P.L. Carvalho, M. Oliveira, A.C. Lorena, K. Faceli (2012) Extração de Conhecimento de Dados/Data Mining, Lisboa, Edições Sílabo.

Johnson, S. (2001) Emergence: The Connected Lives of Ants, Brains, Cities, and Software. Allen Lane.

Landherr, A., Friedl, B., Heidemann, J. (2010) A Critical Review of Centrality Measures in Social Networks, Business & Information Systems Engineering vol. 2(6), pp. 371–85.

Katz, L. (1953) A New Status Index Derived from Sociometric Index, Psychometrika vol. 18(1), pp. 39-43.

Milgram, S., (1967) The small world problem, Psychology Today, vol. 2, pp. 60-67.

Travers, J. and Milgram, S. (1969) An experimental study of the small world problem, Sociometry, vol. 32, pp. 425-443.

Moreno, J. L. (1934) Who Shall Survive?, Beacon House, Beacon, NY.

Rapoport, A. (1957) Contribution to the theory of random and biased nets, Bulletin of Mathematical Biophysics, vol. 19, pp. 257-277.

Scott, J.(2000) Social Network Analysis - A Handbook, Sage Publications, London.

Sabidussi, G. (1966) The centrality index of a graph, Psychometrika, vol. 31(4), pp. 581-603.

Watts, D.J., Strogatz, S.H. (1998) Collective dynamics of small-world networks, Nature, vol. 393(6684), pp. 409–410.

Watts, D. J. (2003) Six Degrees: The Science of a Connected Age. Norton.

Paula Alexandra Laranjeira é licenciada em Informática pela Universidade Aberta e licenciada em Ensino de Matemática pela Universidade de Aveiro. É também pós-graduada em Inovação e Criatividade: Tecnologias da Informação e Comunicação pelo ISCE. Foi produtora de conteúdos multimédia na empresa Porto Editora, estando diretamente envolvida no projeto Escola Virtual. Foi *web designer* na Sociedade Ibérica de Citometria. Atualmente está ligada à coordenação e formação de projetos e estágios de cursos profissionais de informática e à certificação de jovens e adultos.

Luís Cavique, Professor Auxiliar no Departamento de Ciências e Tecnologia (DCeT), Secção de Informática, Física e Tecnologia (SIFT). Coordenador da Licenciatura em Informática no biénio 2012 - 2014. Licenciado em Engenharia Informática em 1988 pela FCT-UNL. Obteve o grau Mestre em Investigação Operacional e Eng. Sistemas pelo IST-UTL em 1994. Obteve o grau de Doutor em Eng. Sistemas pelo IST-UTL em 2002. Tem como áreas de interesse, a intersecção da Informática (Computer Science) com a Engenharia de Sistemas (Management Science) designadamente a área de "Data and Graph Mining".

NetRevealer: Uma Ferramenta Gráfica para a Análise do Tráfego de Redes

Saulo Queiroz da Fonseca[1], Henrique São Mamede[2]

[1] Estudante Univ. Aberta, [2] Univ. Aberta, INESC-TEC
email@saulofonseca.de, jose.mamede@uab.pt

Resumo

O problema da falta de uma ferramenta gráfica de análise de redes em tempo real levou ao trabalho de desenvolvimento de uma aplicação que colmatasse esta lacuna. Desta forma, desenvolveu-se o NetRevealer, uma ferramenta multi-plataforma que tem como objetivo analisar o tráfego numa rede de computadores. Para isso, a aplicação acede às interfaces de rede existentes num computador e representa através de um ícone cada equipamento que envia ou recebe pacotes nessa rede. Obtém-se assim um mapa que exibe o tráfego em tempo real e permite detectar atividades nessa rede, nomeadamente atividades indesejadas como portas clandestinas e utilizadores não autorizados a utilizar a rede.

palavras-chave: Rede de Computadores, Tráfego de Rede, Análise de Pacotes, Mapa da Rede

Abstract

The need of a graphical tool for network analysis in real time is the reason of the development of an application to fulfil this gap. Thus, we developed the NetRevealer, a cross-platform tool that aims to analyze traffic on a computer network. The application accesses the existing network interfaces on a computer and uses an icon to represent each device that sends or receives packets on this network. The application tool generates a map that display in real-time the data traffic and allows to detect the activity in this network, including undesirable activities such backdoors and users allowed to use the network.

keywords: Computer Network, Netwrok Traffic, Packet Analysis, Network Mapping

1. Introdução

Numa rede de computadores, é difícil determinar com rigor como está a decorrer, em cada instante, o fluxo de dados entre os equipamentos envolvidos. Esta dificuldade deve-se ao fato de que o nível técnico destas informações é alto e pouco acessível ao público não especializado [1]. No momento em que surge uma anomalia, é fundamental ter disponível uma ferramenta que revele estas atividades, de forma a indicar quem está a enviar pacotes a quem.

Existem algumas ferramentas no mercado que prometem suprir esta carência, mas todas falham na concretização desse objetivo por restringir a visualização dos dados, concentrando-se exclusivamente em exibir o conteúdo dos pacotes ou em exibir um mapa da rede independente do tráfego local.

A solução encontrada passou pela construção de um produto de *software* capaz de ler os pacotes que fluem nas interfaces de rede a partir de um determinado computador, construindo um mapa da mesma a partir desse ponto. As informações presentes nos cabeçalhos dos pacotes, como endereço de origem e de destino, são utilizadas para criar um ícone para cada *host*. Uma linha é desenhada entre os ícones correspondentes, de forma a representar o tipo de pacote enviado. Com o passar do tempo, o desenho irá refletir todos os *hosts* ativos na rede, formando-se um mapa da mesma.

Estas informações permitem um diagnóstico em tempo real das atividades presentes nessa rede, oferecendo os elementos para uma deteção rápida de qualquer anomalia e contribuindo para aumentar a produtividade de quem estiver envolvido na resolução do problema.

O artigo está organizado em quatro secções. Na Secção 2 é apresentado o enquadramento do trabalho relativo a interfaces, API e diagrama de classes. Na Secção 3, o trabalho é desenvolvido tendo em consideração, a leitura e interpretação dos pacotes, bem como a definição e mapeamento dos *hosts*. Finalmente, na Secção 4 são apresentadas as conclusões.

2. Enquadramento

2.1 Definição da interface com o utilizador

O primeiro passo foi decidir o ambiente de interface para a aplicação, tendo-se definido que a mesma seria exibida num ambiente de janelas, com a janela principal a ser dividida em duas partes. A parte superior contém o mapa da rede e a parte inferior contém o *log* dos pacotes lidos. A linha que divide as duas partes pode ser movida, de forma a aumentar/diminuir o tamanho de cada uma delas. Na Figura 1 ilustra-se o aspeto gráfico da aplicação.

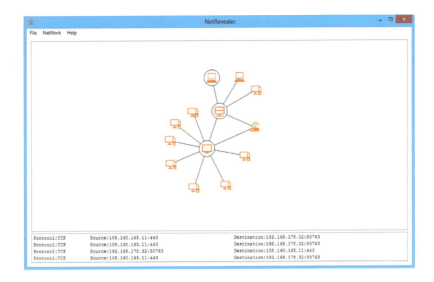

Figura 1 - Interface para o *NetRevealer*

2.2 Escolha da API para acesso ao *hardware*

A aplicação necessita de aceder às placas de rede no computador em que se estiver a executar, de forma a monitorizar os pacotes de dados que estão a circular pela mesma.

Diferentemente de um uso comum de uma placa de rede, onde um programa se conecta a um servidor e troca dados com o mesmo, o *NetRevealer* lê os pacotes criados pelos outros programas, sem ele mesmo gerar pacotes novos. Para isso, tem que modificar o modo como a placa de rede opera, com a necessidade de ativar o modo denominado de promíscuo [2] (*promiscuous mode*).

É importante salientar que a aplicação poderá apenas ler dados em pacotes que chegam à placa de rede em questão. Dois computadores presentes na rede local, que enviam pacotes entre si, sem passar pela referida placa, não serão lidos pelo programa. A vantagem deste modo promíscuo surge se ele estiver instalado num computador que faz o papel de roteador da rede, por onde passa o tráfego local ou ligado através de uma porta que faz o *mirror* de um roteador [3]. É nestes pontos onde normalmente o administrador de redes faz o seu trabalho de monitorização [4].

As principais APIs de comunicação com as placas de rede são *Winsocks* da *Microsoft* e *Libpcap* criado pelo grupo *TCPDump* [5]. Ambas permitem ativar o modo promíscuo das placas de rede. Estas APIs podem ser descritas de forma sumária, da seguinte forma:

- *Winsocks* é a API padrão para aceder ao ambiente de redes em aplicativos do sistema operativo *Windows*. Opera no *layer* 3 do modelo OSI [6], ou seja, permite ler pacotes que já foram processados pela placa de rede (*layer* 1) e pelo protocolo *Ethernet* (*layer* 2).
- O *Libpcap* foi desenvolvido por um grupo de *software* livre, originalmente para o sistema operativo *Linux*, mas hoje também disponível para *Windows* e *Mac* [7]. Esta API possui a vantagem de ler os pacotes ainda no *layer* 2, o que permite ver exatamente o que a placa de rede está a entregar. Com isso podem ler-se pacotes que utilizam o protocolo *Ethernet* e, portanto, os endereços de *hardware* (*MAC*

Addresses). Esta informação é importante para identificar a origem física do pacote. Por esta característica, esta API tornou-se o padrão entre quem desenvolve aplicativos de monitorização de redes de computadores [8].

Devido às características acima citadas, decidiu-se recorrer à utilização do *Libpcap* neste projeto.

2.3 Escolha da API para a interface gráfica

A decisão sobre a interface gráfica normalmente está ligada ao sistema operativo em que o programa irá funcionar. Na área de redes, existe um problema: apesar de o sistema operativo *Windows* dominar cerca de 80% dos computadores dos utilizadores comuns, o mundo dos servidores é muito mais diverso [9]. Eu gostaria de ter um programa que pudesse funcionar em qualquer um destes ambientes, inclusive no *MacOSX* da *Apple*.

Depois de pesquisar muito sobre este problema, eu descobri o *Qt-Project*. Ele é um *framework* disponível para os principais sistemas operativos, como *Windows, Linux e Mac*. A sua grande vantagem é que ele permite compilar o mesmo código C++ em vários sistemas operativos [10]. Com isso temos o melhor dos dois mundos: o código feito no *Qt* é compilado no sistema operativo local e se for enviado a outro sistema operativo também é compilado localmente.

Na Figura 2 podemos ver a IDE chamada *Qt-Creator*, onde é feito o desenvolvimento.

Figura 2 - Ambiente de programação do *Qt*

2.4 Definição das classes

A seguir foram definidos os atributos e métodos principais das classes que compõem o programa. A representação em UML pode ser vista na Figura 3.

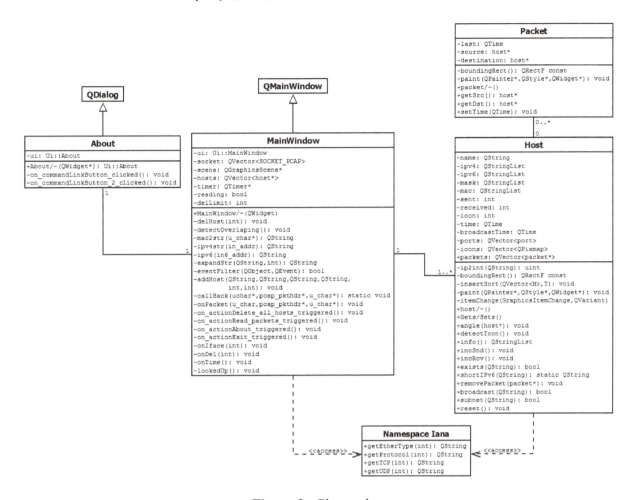

Figura 3 - Classes do programa

Para criar o ambiente de janelas, o *Qt* cria a classe *MainWindow*. Nesta classe eu defini as variáveis e métodos de uso geral.

Ao se aceder ao menu *Help* ⇒ *About*, surge uma pequena janela, definida pela classe de mesmo nome. Esta janela exibe a logomarca que eu criei para o programa, assim como o meu nome e dados para contato.

A classe *Host* é o coração do programa. É ela que irá representar os *hosts* detectados durante a leitura dos pacotes.

A classe *Packet* representa os pacotes enviados entre dois *hosts*.

Eu criei também um *namespace* chamado *Iana*. Esta é a sigla para *Internet Assigned Numbers Authority*, que é o órgão mundial para definição de endereços e protocolos usados na internet. Este *namespace* possui algumas funções onde, dado o número de um protocolo ou porta, retorna um pequeno texto descritivo sobre o mesmo. O ficheiro correspondente (*iana.cpp*) possui mais de 4500 linhas e seus dados foram obtidos a partir do endereço de internet da organização (http://www.iana.org). Os dados foram devidamente convertidos em uma *hashtable* usando o tipo *QHash* do *Qt*. Com isso, apesar de ser uma quantidade grande de informações, o acesso a um determinado índice é muito rápido.

3. Implementação

3.1 Leitura de pacotes

Este é o módulo que faz uso da biblioteca *Libpcap*, citada anteriormente. Depois de a instalação estar feita, precisamos apenas de adicionar "#include <pcap.h>" no *header* da classe *MainWindow*.

No construtor desta classe declaramos os comandos para iniciar o *Libpcap*. O primeiro passo é detectar as placas de rede presentes no computador (já que podemos ter mais de uma).

```
pcap_if_t *alldevs;
if (pcap_findalldevs(&alldevs,errbuf) == -1)
        QMessageBox::warning(this,"Error",
                QString("Error in
pcap_findalldevs<br>")+errbuf);
```

A variável *alldevs* é definida como do tipo *pcap_if_t*, que é o formato usado para placas de rede pelo *Libpcap*. O comando *pcap_findalldevs* coloca em *alldevs* uma lista ligada contendo todas as placas encontradas. Se houver um erro, o *Qt* exibe uma caixa de mensagem.

Em seguida coloca-se cada placa encontrada em modo promíscuo.

```
for (pcap_if_t *dev=alldevs; dev!=NULL; dev=dev->next)
{
        // Open the NIC in promiscuous mode
        SOCKET_PCAP socket_temp;
        socket_temp.handle = pcap_open_live(dev-
>name,1518,true,
                1000,errbuf);
        if (socket_temp.handle == NULL)
                continue;
    ...
```

O tipo *SOCKET_PCAP* foi definido como um *struct* que contém duas variáveis. A primeira é do tipo *pcap_t* que define o ponteiro de ligação com o endereço de memória para aceder à placa. A segunda é do tipo booleano e será usada para permitir ligar ou desligar os pacotes vindos da mesma.

O comando *pcap_open_live* ativa a leitura da placa em questão. O atributo *name* é o nome detectado por *findalldevs*, 1518 é o tamanho máximo em bytes de um pacote no *layer* 2, *true* ativa o modo promíscuo, 1000 é tempo máximo em milissegundos que deve-se esperar por uma confirmação e *errbuf* é uma *string* onde será colocada uma mensagem de erro, caso a operação falhe. Caso isso ocorra, ignora-se o erro e usa-se o comando *continue* para tentar ativar a próxima placa de rede.

É importante salientar que algumas placas não permitem ativar o modo promíscuo [11]. Isto também pode ocorrer se o *Libpcap* não estiver corretamente instalado. Se o programa não conseguir ativar nenhuma placa, será exibida uma caixa de mensagem de alerta e o programa será encerrado.

Após os passos anteriores estarem concluídos, usa-se o seguinte comando, com os argumentos aqui em pseudo-código:

```
pcap_dispatch(ponteiro,quantidade,função,argumento);
```

O *ponteiro* é o que indica qual placa de rede deve ser usada, a *quantidade* é o número de pacotes a serem capturados, *função* é o nome da função definida pelo utilizador que deve processar os pacotes, e *argumento* é um argumento opcional que o utilizador pode passar à função informada, caso deseje.

Podemos perceber um problema. O *Libpcap* é feito em C, e por isso usa a lógica da programação funcional [12]. Ele não está preparado para lidar com objetos. Ele vai chamar uma função e ficar nela até processar todos os pacotes solicitados.

Este tipo de processamento não é amigável a um ambiente com janelas [13], pois o programa ficará "congelado" até o processamento estar pronto. Acrescento que o número de pacotes que eu desejo capturar não é fixo, e portanto colocar este comando em um *loop* infinito iria inviabilizar o projeto.

Os ambientes de janela funcionam através do processamento de sinais [14]. São declarados vários métodos, que respondem aos sinais emitidos. O ideal neste caso seria que o *Libpcap* emitisse um sinal quando recebe um pacote, que seria processado pelo método correspondente, mas isto não é possível.

A solução que eu encontrei foi usar um *timer*. No *Qt*, é possível criar um relógio que dispara um sinal com a frequência desejada. Isto é feito através do seguinte código, quando acrescentado ao construtor da classe *MainWindow*:

```
timer = new QTimer(this);
connect(timer,SIGNAL(timeout()),this,SLOT(onTime()));
timer->start(50);
```

O primeiro comando inicializa a variável *timer*, que é declarada no *header* da classe *MainWindow*. Ela recebe como argumento a instância *MainWindow* onde se encontra (*this*). O segundo comando conecta esta variável de forma que, quando emitir seu sinal, será chamado o método *onTime()*. O terceiro comando informa que o relógio será disparado a cada 50 milissegundos.

Com isso eu pude criar o método *onTime()*, para chamar *pcap_dispatch*. Mas existe outro problema: a função declarada em *pcap_dispatch* deve ser comum ou estática, e não um método de uma classe. A solução que encontrei foi criar uma função *callback* que chama o método dinâmico a partir do estático:

```
static void callBack(u_char *args, const struct pcap_pkthdr *header,
        const u_char *packet)
    {
        ((MainWindow*)args)->onPacket(args,header,packet);
    }
```

Com isto o método *onTime()* passa a ter o seguinte formato:

```
void MainWindow::onTime()
{
        if (reading)
                for (int i=0; i<socket.size(); i++)
                        if (socket[i].active == true)
                                pcap_dispatch(socket[i].handle,1,

        MainWindow::callBack,(u_char*)this);
                ...
```

A variável *reading* é do tipo booleano que permite ou não a leitura dos pacotes. Ela é controlada por uma opção no menu. A variável *socket[i].active* informa se uma determinada placa de rede deve ser lida. Esta opção também é controlada por outro menu, que permite ao utilizador escolher quais placas devem estar ativas. O primeiro argumento do comando *pcap_dispatch* é o apontador para uma das placas de rede. O segundo é o número de pacotes que será lido, ou seja, apenas um. O terceiro é a função *callback*. O quarto é o endereço da instância de *MainWindow*, que será repassado à função *callback* como argumento. Em resumo temos a sequência da Figura 4.

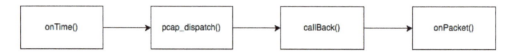

Figura 4 – Sequência de funções

Ou seja, o programa lê 1 pacote de cada placa de rede a cada 50 milisegundos. Isto permite o programa "respirar" nos intervalos de leitura entre pacotes e processar outras atividades, como menus, exibir *logs*, etc.

3.2 Interpretação dos pacotes

O *Libpcap* captura os dados no *layer* 2 (*data link*). Portanto, estes estão com todos os cabeçalhos presentes pertencentes aos *layers* superiores. A Figura 5 mostra os vários cabeçalhos que precisam ser removidos até se chegar aos dados originais.

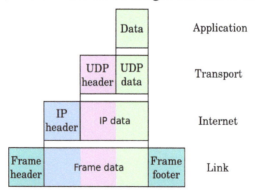

Figura 5 - Cabeçalhos presentes no layer 2

No caso do *NetRevealer*, o que nos interessa são justamente os cabeçalhos. Eles é que informam qual o endereço de origem e destino de cada pacote [15]. Os dados presentes dentro dos pacotes são portanto descartados pelo programa, já que são apenas uma cópia obtida através do modo promíscuo da placa de rede.

O método *onPacket()* é chamado quando o *Libpcap* entra em ação. Ele se encontra no ficheiro *capture.cpp* e tem os seguintes argumentos:

```
void MainWindow::onPacket(u_char*, const struct pcap_pkthdr *header,
        const u_char *packet)
```

O primeiro argumento não é usado. O segundo é um cabeçalho criado pelo *Libpcap* que indica, entre outras coisas, o comprimento do pacote. O terceiro é um apontador para a sequência de bytes capturados no *layer* 2, também chamado de *frame*.

Todo *frame* tem em seu início um cabeçalho *ethernet* [16], com o formato descrito na Figura 6:

Layer	**Preamble**	**Start of frame delimiter**	**MAC destination**	**MAC source**	**802.1Q tag (optional)**	**Ethertype (Ethernet II) or length (IEEE 802.3)**	**Payload**	**Frame check sequence (32-bit CRC)**	**Interpacket gap**
	7 octets	1 octet	6 octets	6 octets	(4 octets)	2 octets	46(42)[b]–1500 octets	4 octets	12 octets
Layer 2 Ethernet frame			← 64–1518(1522) octets →						
Layer 1 Ethernet packet			← 72–1526(1530) octets →						

Figura 6 - Cabeçalho de um *frame ethernet*

O *frame* propriamente dito começa depois do SFD (*start of frame delimiter*). Precisamos então de 6 bytes para cada um dos *Mac Addresses* de origem e destino. Os 4 bytes seguintes do protocolo 802.1Q (VLAN) são opcionais, normalmente ausentes. Os próximos 2 bytes referne-se ao *EtherType*, que informa o tipo de protocolo encapsulado.

Para poder interpretá-lo, precisamos de um *struct* em C++ com tipos que tenham o mesmo comprimento em bytes do cabeçalho. O *struct* que eu criei é o seguinte:

```
struct ETHERNET
{
        u_char  destination[6]; // u_char tem 1 byte de comprimento
        u_char  source[6];
        u_short type;           // u_short tem 2 bytes de comprimento
};
```

Observe que não precisamos de declarar uma estrutura que vá até o final do pacote. Precisamos de capturar apenas do início até à parte que nos interessa.

A seguir está o código responsável pela captura do *frame header*:

```
if (header->caplen < sizeof(ETHERNET))
        return;
ETHERNET *frame = (ETHERNET*)(packet);
```

Primeiro verificamos se o pacote contém bytes suficientes para fazer a captura. Existem erros de comunicação em rede, e não fazer esta verificação pode travar o programa [17]. Em seguida criamos a variável *frame* que faz um *cast* do pacote fornecido pelo *Libpcap*.

Com isto podemos já capturar os *Mac Addresses* do pacote:

```
QString macSrc = mac2str(frame->source);
QString macDst = mac2str(frame->destination);
```

Todo pacote tem estes *Mac Addresses* [18]. Ele é usado para transferir informações entre equipamentos de hardware. Se o pacote tiver origem em um dos *hosts* da rede local, então este é o *Mac Address* deste *host*. Caso contrário, o endereço pertence ao roteador. Posteriormente é feita esta verificação para associar este pacote ao *host* correto.

Eu criei a função *mac2str()*, que converte os bytes do *Mac Address* em uma *string*:

```
QString MainWindow::mac2str(u_char *mac)
{
        QString str;
        for (int i=0; i<6; i++)
        {
                str += QString().sprintf("%02x",mac[i]);
                if (i!=5)
                        str +="-";
        }
        return str;
}
```

O método *sprintf* do tipo *QString* simula o conhecido comando do C++ padrão.

Outra informação que já temos disponível é o tipo de protocolo presente no *Payload*, que é a parte de dados que o *frame* carrega. O valor é codificado no formato *BigEndian*, e portanto precisa ser convertido para o formato do sistema operativo em questão.

Se o valor for 0x0800, então é uma pacote IPv4 [19].

```
if (qFromBigEndian(frame->type) == 0x0800) {
    // Capture header
    if (header->caplen < sizeof(ETHERNET)+sizeof(IPv4))
            return;
    IPv4 *ip = (IPv4*)(packet + sizeof(ETHERNET));

    // Get source and destination
    source = ipv4str(ip->source);
    destination = ipv4str(ip->destination);

    // If TCP or UDP, capture ports
    if (ip->protocol == 6 || ip->protocol == 17) {
            u_int tcp_size = (ip->vhl & 0x0f)*4;
            if (tcp_size < sizeof(IPv4)) return;
            if (header->caplen < sizeof(ETHERNET)+
                    tcp_size+sizeof(TCP_or_UDP))
                    return;
            TCP_or_UDP *tcp = (TCP_or_UDP*)
                    (packet + sizeof(ETHERNET) + tcp_size);
            portSrc = QString::number(qFromBigEndian(
                    tcp->source_port));
            port = qFromBigEndian(tcp->destination_port);
            portDst = QString::number(port);
```

```
        }

        // Add protocol
        toList += "Protocol:";
        protocol = ip->protocol;
        toList += iana::getProtocol(protocol);
    }
```

No primeiro bloco, realizamos uma verificação semelhante à anterior para assegurar que há uma quantidade de bytes suficientes para fazer a captura. Um pacote IPv4 [20] tem o cabeçalho descrito na Figura 7:

IPv4 Header Format

Offsets	Octet	0								1								2								3							
Octet	Bit	0	1	2	3	4	5	6	7	8	9	10	11	12	13	14	15	16	17	18	19	20	21	22	23	24	25	26	27	28	29	30	31
0	0	Version				IHL				DSCP						ECN		Total Length															
4	32	Identification																Flags			Fragment Offset												
8	64	Time To Live								Protocol								Header Checksum															
12	96	Source IP Address																															
16	128	Destination IP Address																															
20	160	Options (if IHL > 5)																															

Figura 7 - Cabeçalho de um pacote IPv4

Ele é capturado com o seguinte *struct*:

```
struct IPv4
{
        u_char   vhl;
        u_char   type_of_service;
        u_short  lenght;
        u_short  id;
        u_short  offset;
        u_char   ttl;
        u_char   protocol;
        u_short  checksum;
        in_addr  source;
        in_addr  destination;
};
```

Queremos aqui obter os endereços de origem e destino, por isso temos que especificar todos os dados até chegar a estes. Os endereços são convertidos com o método *ipv4str()*, que é semelhante ao explicado anteriormente na conversão do *Mac Address*.

Este é um pacote IP. Há vários protocolos que podem ser codificados dentro deste tipo de pacote [21]. O campo *protocol* nos fornece esta informação. Se o valor de *protocol* for 6, temos um pacote TCP. Se for 17, temos UDP.

Estes dois tipos de protocolo têm a particularidade de informar o número de uma porta de origem e destino. Esta também é uma informação que nos interessa. Para captura-las, temos que primeiro calcular o valor do tamanho do pacote IPv4, pois ele é variável. Isto é feito através da variável *vhl*, que capturou do cabeçalho os primeiros 8 bits de informação, correspondente à versão e ao IHL. Para isolar apenas o IHL, fazemos uma operação AND com o valor 0x0f. O valor IHL informa o número de blocos de 32 bits presentes no pacote. Por isso, para obter o valor em bytes, temos que multiplicar por 4.

Com isso aplicamos mais uma vez o mesmo raciocínio. Verificamos se há uma quantidade de bytes suficientes para fazer a captura e obtemos o cabeçalho do pacote UDP [22] ou TCP [23] correspondente. Nas Figuras 8 e 9 temos a descrição dos mesmos.

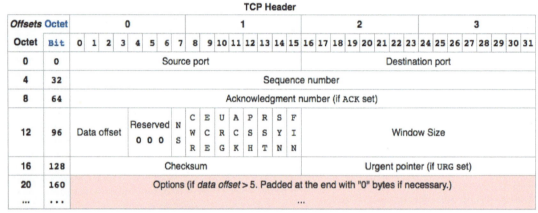

Figura 8 - Cabeçalho de um pacote UDP

TCP Header

Offsets Octet		0								1								2								3							
Octet	Bit	0 1 2 3 4 5 6 7	8 9 10 11 12 13 14 15	16 17 18 19 20 21 22 23	24 25 26 27 28 29 30 31
0	0	Source port		Destination port	
4	32	Sequence number			
8	64	Acknowledgment number (if ACK set)			
12	96	Data offset / Reserved 0 0 0 / N S / C W R E U R G A C K P S H R S T S Y N F I N		Window Size	
16	128	Checksum		Urgent pointer (if URG set)	
20	160	Options (if *data offset* > 5. Padded at the end with "0" bytes if necessary.)			
...	...	...			

Figura 9 - Cabeçalho de um pacote TCP

Observe que em ambos os tipos de pacote, os endereços das portas de origem e destino encontram-se logo no início. Com isso podemos usar o mesmo *struct* para capturar esta informação de ambos os tipos de protocolo:

```
struct TCP_or_UDP
{
        u_short source_port;
        u_short destination_port;
};
```

As outras informações não nos interessam, sendo portanto ignoradas. Com isso as variáveis *portSrc* e *portDst* recebem os respectivos valores.

O mesmo processo se aplica caso o pacote seja IPv6 [24], onde o valor de *frame->type* é igual a 0x86dd. O código é muito semelhante, não sendo portanto necessário repeti-lo aqui. Uma vantagem do cabeçalho IPv6 é que o seu comprimento é fixo, como vemos na Figura 10.

Fixed header format

Offsets	Octet	0								1								2								3							
Octet	Bit	0	1	2	3	4	5	6	7	8	9	10	11	12	13	14	15	16	17	18	19	20	21	22	23	24	25	26	27	28	29	30	31
0	0	Version				Traffic Class								Flow Label																			
4	32	Payload Length																Next Header								Hop Limit							
8	64	Source Address																															
12	96																																
16	128																																
20	160																																
24	192	Destination Address																															
28	224																																
32	256																																
36	288																																

Figura 10 - Cabeçalho de um pacote IPv6

Ele é interpretado com o seguinte *struct*:

```
struct IPv6
{
        u_int     vtcfl;
        u_short   lenght;
        u_char    next_header;
        u_char    ttl;
        in6_addr  source;
        in6_addr  destination;
};
```

Se o pacote lido não for IPv4 ou IPv6, a única informação que temos é o *Mac Address*. Neste caso, o conteúdo das variáveis *source* e *destination* irão receber esta informação. Isto ocorre, por exemplo, com os pacotes do protocolo ARP, que são usados para fazer a conversão de endereços de hardware para IP.

Os dados são então repassados ao método *addHost()*, que irá criar as instâncias da classe *host*. O método recebe os seguintes argumentos:

```
addHost(source,destination,macSrc,macDst,port,protocol);
```

Observe que a variável *port* contém o valor numérico da porta de destino. Os valores das portas de origem e destino são exibidos no *log*, mas na criação do *host* precisamos apenas desta última. Isso se deve ao fato de que a porta de origem é apenas um endereço de resposta ao pacote solicitado, não tendo grande importância. Já a porta de destino informa o serviço que está sendo acedido, como 80, 443 ou 21 (que indicam respectivamente *http, https* e *ftp*).

3.3 Instâncias dos *hosts*

Nesta etapa, os pacotes já foram lidos e as informações desejadas, como endereço IPv4, IPv6, *Mac Address* e portas, são repassados como argumento. Este método também se encontra no ficheiro *capture.cpp*:

```
void MainWindow::addHost(QString source, QString destination, QString
        macSrc, QString macDst, int port=-1, int protocol=-1)
```

A porta e protocolo recebem os valores -1 por defeito. Estes dados só estão presentes se for um pacote TCP ou UDP. Nos outros casos, eles são ignorados. A primeira verificação que devemos fazer é se o endereço de origem é composto por zeros. Isto ocorre se o *host* estiver à procura de um servidor DHCP:

```
if (source == "0.0.0.0" ||
    source == "0000:0000:0000:0000:0000:0000:0000:0000")
    source = macSrc;
```

Neste caso, o endereço de origem passa a ser o mesmo do *Mac Address*. É importante lembrar que todo pacote tem um *Mac Address*. Mas essa informação será usada apenas se o *host* estiver na rede local.

No *header* da classe *MainWindow* foi criado o vector *hosts*. Este é o local onde serão armazenados todos os *hosts* encontrados. A próxima verificação que o método *addHost()* tem que fazer é se já existe um *host* com os dados existentes:

```
int lastSrc = 0;
int lastDst = 0;
bool srcPresent = false;
bool dstPresent = false;
for (int i=0; i<hosts.size(); i++) {
        if (hosts[i]->exists(source) ||
        (hosts[i]->exists(macSrc) && hosts[0]-
>subnet(source))){
                srcPresent = true;
                if (source.contains("."))
                        hosts[i]->addIPv4(source);
                else if (source.contains(":"))
                        hosts[i]->addIPv6(source);
                if (hosts[0]->subnet(source))
                        hosts[i]->addMac(macSrc);
                if (hosts[i]->getName() == "")
                        QHostInfo::lookupHost(source,
                        this,SLOT(lookedUp(QHostInfo)));
                hosts[i]->setTime(QTime::currentTime());
                hosts[i]->incSnd();
                lastSrc = i;
        } ...
```

A variável *source* pode conter três tipos de informação: IPv4, IPv6 ou *Mac Address*. No comando *if*, verificamos se esta informação já existe. Além disso, pode haver o caso em que a variável *source* informa um IPv4, mas o *host* só possui o *Mac Address* registado. A segunda parte da operação booleana permite detectar casos como este.

Se for encontrado um *host* no vector, as suas informações são atualizadas. Se o *host* ainda não tiver um nome, chamamos o método *HostInfo::lookupHost()*, que possui uma característica interessante: ele cria uma tarefa (*thread*) em paralelo que tenta fazer a conversão do endereço de origem para um nome. Este é o único momento em que o *NetRevealer* envia um pacote à rede. O processo é feito com uma consulta reversa de DNS.

O fato de ser criada uma tarefa extra para isso é muito importante, pois este processo de consulta pode demorar [25], e não podemos deixar o programa parado aguardando-a. Quando o sinal de retorno chega, será recebido pelo seguinte método:

```
void MainWindow::lookedUp(const QHostInfo &host) {
        if (host.error() != QHostInfo::NoError)
                return;
        for (int i=0; i<hosts.size(); i++) {
                QString adr;
                if (hosts[i]->getIPv4(0) != "")
                        adr = hosts[i]->getIPv4(0);
                else if (hosts[i]->getIPv6(0) != "")
                        adr = hosts[i]->getIPv6(0);
                if (adr != "")
                        foreach (const QHostAddress
&address,host.addresses())
                                if (adr.left(5) !=
host.hostName().left(5)&&
                                        adr == address.toString()) {
                                        hosts[i]-
>setName(host.hostName());
                                        hosts[i]->detectIcon();
                                }
        }
}
```

O método não sabe a qual *host* a consulta se refere. Portanto, ele precisa de realizar uma busca para encontrá-lo. A variável do tipo *HostInfo* dada como argumento pode também retornar com informações sobre vários *hosts*. O método precisa portanto realizar mais um *loop* interno para fazer a comparação.

Voltando a falar do método *addHost()*, o código exibido refere-se apenas ao endereço de origem. O mesmo processo é feito com o endereço de destino, com o acréscimo da porta:

```
if (port != -1)
        hosts[i]->addPort(port,protocol);
```

Se o *host* não estiver presente, cria-se um novo. Isto é feito da seguinte forma:

```
if (!srcPresent)
{
        // Create a new host
        host *newHost = new host();
        newHost->setIcon(1);
        if (source.contains("."))
                newHost->addIPv4(source);
        else if (source.contains(":"))
                newHost->addIPv6(source);
        if (hosts[0]->subnet(source))
        {
                newHost->addMac(macSrc);
                newHost->setIcon(2);
        }
        newHost->setTime(QTime::currentTime());
        newHost->incSnd();

QHostInfo::lookupHost(source,this,SLOT(lookedUp(QHostInfo)));
        hosts[0]->angle(newHost);

        // Add host to view
        scene->addItem(newHost);
```

```
                     hosts.append(newHost);
                     lastSrc = hosts.size()-1;
                     detectOverlaping();
        }
```

O *host* é adicionado à cena (explicada posteriormente) e ao vector.

O mesmo se faz para o endereço de destino. Mas antes disso, verificamos se o destino não é um *broadcast*:

```
    if (hosts[0]->broadcast(destination))
            hosts[lastSrc]->setBroadcastTime(QTime::currentTime());
```

Observe que faz-se a atualização do horário quanto um pacote é associado a um *host*. Isto é importante para poder usar a opção do menu que remove *hosts* inativos a "x" segundos. A variável *delLimit* informa o número de segundos que se deve esperar. Se ela estiver com o valor zero, o recurso estará desligado.

3.4 Ícones dos hosts

Este método faz uso intenso dos recursos gráficos do *Qt*. Para isso, adicionou-se um objeto do tipo *graphicsView* à parte superior da janela principal. Este tipo de objeto cria um ambiente gráfico, onde cada item adicionado possui coordenadas *x* e *y* associadas, como em um eixo cartesiano bidimensional.

Para se usar os recursos de forma plena, deve-se acrescentar uma cena a este objeto [26]. Aqui temos as definições das propriedades iniciais:

```
scene = new QGraphicsScene(this);
scene->setSceneRect(-5000,-5000,10000,10000); // Set canvas area
ui->graphicsView->setScene(scene);
ui->graphicsView->viewport()->setMouseTracking(true);
ui->graphicsView->viewport()->installEventFilter(this);
ui->graphicsView->setRenderHint(QPainter::Antialiasing);
ui->graphicsView->setDragMode(QGraphicsView::ScrollHandDrag);
ui->graphicsView->setCacheMode(QGraphicsView::CacheBackground);
ui->graphicsView->setVerticalScrollBarPolicy(Qt::ScrollBarAlwaysOff);
ui->graphicsView-
>setHorizontalScrollBarPolicy(Qt::ScrollBarAlwaysOff);
ui->graphicsView-
>setViewportUpdateMode(...::BoundingRectViewportUpdate);
```

As primeiras três linhas criam a cena, que possui uma área de trabalho grande para evitar que o *Qt* modifique o tamanho da janela para se ajustar à área criada. A janela é exibida inicialmente com a posição 0,0 no centro. As duas linhas seguintes ativam a emissão de sinais quando se usa o rato (explicada posteriormente). É ativada então a propriedade *antialiasing* para melhorar a qualidade da imagem. A opção *setDragMode* permite mover a posição vista na janela clicando-se com o rato em uma área vazia e arrastando-o. As linhas seguintes desligam as barras de rolagem laterais (*scrollbars*) e definem algumas propriedades que melhoram a performance do programa.

Cada objeto adicionado à cena deve herdar as propriedade da classe *QGraphicsItem*. Isto foi feito com os objectos da classe *Host* e *Packet*. Os objetos adicionados à cena (chamados aqui de itens) devem ter os seguintes métodos definidos:

- **boundingRect()** - Define os limites do item a ser exibido. Deve-se retornar um objeto do tipo *QRect*, que representa um retângulo no *Qt*. Os valores informados referem-se ao centro do objeto e não à cena. Aqui temos o código usado na classe *Host*:

```
QRectF host::boundingRect() const {
    return QRectF(-20,-20,40,40);
}
```

- **paint()** - Desenha o objeto propriamente dito. Temos aqui o exemplo para a classe *Host*:

```
void host::paint(QPainter *painter, const QStyleOptionGraphicsItem *,
QWidget*)
{
    // Draw broadcast circle
    if (broadcastTime != QTime(0,0,0))
    {
        if (broadcastTime.msecsTo(QTime::currentTime()) < 200)
            painter->setPen(QColor(255,133,0)); // Orange
        else
            painter->setPen(Qt::black);
        painter->setBrush(QBrush(Qt::white));
        painter->drawEllipse(boundingRect());
    }

    // Draw icon
    QRectF target(-16,-16,32,32);
    QRectF source(0,0,32,32);
    painter->drawPixmap(target,icons[icon],source);
}
```

Neste caso desenha-se um círculo ao redor do ícone, caso este tenha emitido um pacote *broadcast* ou *multicast*. A cor do círculo depende de há quanto tempo o pacote foi enviado. Se tiver sido a menos de 200 milissegundos, desenham-se com a cor laranja.

Desenha-se então o ícone associado ao *host*. Obtem-se através da variável *icon* a figura correta. O vector *icons* foi definido no construtor da classe *MainWindow*:

```
host::icons.append(QPixmap(":Monitor.png"));

host::icons.append(QPixmap(":Computer.png"));

host::icons.append(QPixmap(":Notebook.png"));

host::icons.append(QPixmap(":Phone.png"));

host::icons.append(QPixmap(":Tablet.png"));

host::icons.append(QPixmap(":Rack.png"));
```

```
host::icons.append(QPixmap(":Router.png"));

host::icons.append(QPixmap(":wRouter.png"));
```

A escolha do ícone é feita pelo método *detectIcon()* presente na classe *Host*. Ele faz a escolha de acordo com o nome associado ao mesmo, recebido pela função *lookedUp()*.

- **itemChange()** - Pode-se definir também este método da classe *QGraphicsItem*, que recebe um sinal quando há uma mudança de posição do item, redesenhando-o.

3.5 Posição no mapa

Eu defini também um chamado *angle()*. Ele é chamado durante a criação de um *host*:

```
void host::angle(host *h) {
        double ang, x, y, dist = this->x()*this->x() + this->y()*this-
>y();
        do {
                ang = qrand()%628;
                x = this->x()+sin(ang)*100;
                y = this->y()+cos(ang)*100;
        } while (x*x + y*y < dist+84);
        h->setPos(x,y);
}
```

Com ele define-se a posição que o ícone terá inicialmente. O método é chamado a partir do *host* "pai" no gráfico. Se o primeiro pacote que define este *host* for declarado no cabeçalho capturado pelo *Libpcap* como origem, a posição será em relação às coordenadas do *host* inicial (que representa o computador onde o programa está a rodar). Se for destino, será em relação ao *host* de origem do pacote.

O método calcula inicialmente a distância do *host* pai até a origem 0,0, onde normalmente encontra-se o ícone inicial. Obtém-se então uma posição aleatória para o filho em relação ao pai, que vai estar em um raio de 100 pixels. Se esta posição for menor que a distância calculada inicialmente mais 84, procura-se outra posição. O objetivo é evitar que o filho fique dentro do raio de atuação do ícone inicial (seu avô). A posição do filho deve ser então a uma distância de no mínimo 100+84 pixels, como pode ser vista na Figura 11. Estes valores fazem com que os três ícones formem um ângulo de no mínimo 120º.

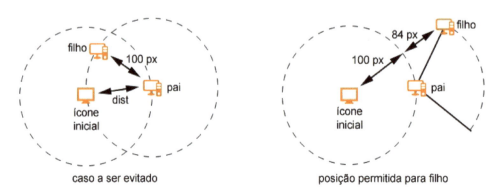

Figura 11 - Definição da posição do ícone

Se o ícone for calculado em relação ao inicial, então ele pode ficar em qualquer posição em um raio de 100 pixels, como ocorre com o ícone pai na Figura 11.

3.6 Eventos

Para permitir interpretar os sinais do rato sobre o *graphicsView*, foi declarada (como já dito) a opção *installEventFilter* à cena. Com isto, todos os sinais emitidos pelo *graphicsView* são repassados à *MainWindow*. Os sinais são recebidos pelo método *eventFilter()* declarado nesta classe e mostrado aqui em pseudo-código (pois o método é um pouco longo):

```
bool MainWindow::eventFilter(QObject *, QEvent *event)
{
    Define valores para caixa de informação (toolTip)
    Se sinal = MouseMove
        Se rato está sobre um host
            Exibe texto obtido por info()
            Exibe retângulo abaixo do texto
    Se sinal = MouseButton && RightButton
        Se rato está sobre um host && não for host inicial
            Mostra menu para deletar
        Se estiver sobre área vazia
            Mostra menu de zoom
}
```

Inicialmente adiciona-se à cena um item de texto e um retângulo, ambos com a visualização desligada (*setVisible(false)*). A declaração como estático permite aos mesmos persistirem entra as chamadas ao método. Estes itens formam a caixa de informação (*tooltip*).

Quando o rato é movido, verifica-se se o mesmo está sobre um *host*. Se for o caso, obtêm-se as informações sobre o mesmo com o método *info()* da classe *Host*. As informações são então colocadas no item de texto e o retângulo é redimensionado para o tamanho deste. Ambos os item são então ligados, de forma a ficarem visíveis na *graphicsView*. Se o cursor sair da área do *host*, desliga-se a visualização novamente. Portanto os mesmos itens são usados para exibir as informações de todos os *hosts*. O efeito pode ser visto na Figura 12.

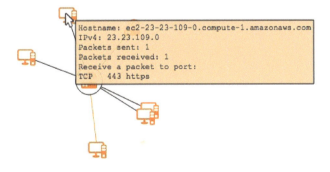

Figura 12 - Caixa de informação

Quando o botão direito do rato é pressionado, verifica-se se o mesmo encontra-se sobre um *host* ou uma área vazia. No primeiro caso exibe-se a opção que permite deletar o mesmo (uma janela pede pela confirmação do ato). No segundo caso, exibe-se as opções para realizar o *zoom*. Esta opção usa o método *scale()* do *graphicsView* e multiplica ou divide o valor atual por 1,5 de acordo com o *zoom* escolhido. O efeito pode ser visto na Figura 13.

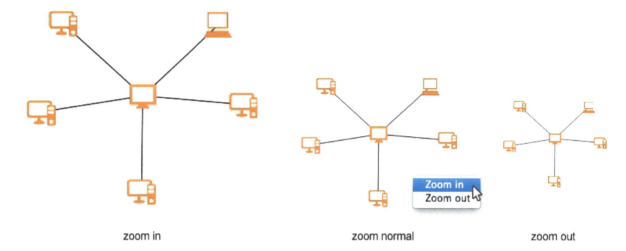

zoom in   zoom normal   zoom out

Figura 13 - Zoom

Quando o botão esquerdo do rato é pressionado, o método *eventFilter()* não modifica o comportamento por defeito que o rato tem sobre o *graphicsView*. Neste caso, quando se está sobre uma área vazia, é possível mover a área de visualização atual (*pan*). Quando se está sobre um *host*, é possível movê-lo. Isso é habilitado através do comando "*setFlag(ItemIsMovable)*", acrescentado no construtor da classe *Host*.

3.7 Ligações entre hosts

Para concluir o *NetRevealer*, foi preciso criar mais uma classe chamada *Packet*. Ela representa um pacote que é enviado entre dois *hosts*. Cada instância desta classe possui um ponteiro para um *host* chamado *source* e outro chamado *destination*.

As instâncias desta classe são criadas no final do método *addHost()*, como pode ser visto no código a seguir:

```
// Search if packet from source to destination was already sent
bool find = false;
for (int i=0; i<hosts[lastSrc]->getPackets().size(); i++)
{
    if (hosts[lastSrc]->getPackets()[i]->getSrc() == hosts[lastDst] ||
        hosts[lastSrc]->getPackets()[i]->getDst() == hosts[lastDst])
    {
        hosts[lastSrc]->getPackets()[i]-
>setTime(QTime::currentTime());
        find = true;
        break;
    }
}

// Search if packet from destination to source was already sent
if (!find)
    ...

// If it's new
```

```
if (!find)
{
    packet *p = new packet(hosts[lastSrc],hosts[lastDst]);
    scene->addItem(p);
}
```

O código verifica inicialmente se já foi enviado um pacote entre os *hosts* em questão. Cada *host* possui um vector com uma lista de pacotes à qual está ligado. Se a ligação entre os *hosts* não existe, cria-se uma nova e adiciona-se à cena.

O construtor da classe *Packet* adiciona a instância aos respectivos vectores dos *hosts* de origem e destino.

```
packet::packet(host *src, host *dst)
{
    source = src;
    destination = dst;
    source->addPacket(this);
    destination->addPacket(this);
    setTime(QTime::currentTime());
}
```

Em ambos os casos, salva-se o momento da criação ou atualização com o método *setTime()*, através do qual é possível definir se a linha será desenhada na cor laranja ou preta. As linhas de cor laranja representam os pacotes enviados há pouco tempo, aumentando o efeito de atividade em tempo real que o *NetRevealer* oferece.

Os métodos *paint()* e *boundingRect()* da classe *Packet* atualizam seus valores de acordo com a posição dos *hosts* de origem e destino, de forma que quando os mesmos são movidos, as linhas são redesenhadas da maneira correta.

4. Conclusões

O *NetRevealer* permite ao técnico de redes de computadores presente em campo realizar um diagnóstico preciso das atividades correntes nos equipamentos em tempo real. O aplicativo causa pouco impacto no computador onde será instalado, pois ocupa pouco espaço tanto na memória quanto no disco e causa pouca sobrecarga sobre o processamento local. A interface é de fácil uso, sendo intuitiva e simples. As informações fornecidas são tecnicamente relevantes para o uso por profissionais médios / avançados.

O programa permitiu experimentar a criação de um aplicativo em interface gráfica, adicionando a capacidade de poder ser compilado em diversos sistemas operativos. Ele segue a tendência presente no mercado de integração de várias tecnologias, contribuindo para eliminar as diferenças presentes entre diversos ambientes computacionais.

Bibliografia

1. C. Chen, "Top 10 Unsolved Information Visualization Problems", IEEE Computer Graphics and Applications, vol. 25, no. 4, pp. 12-16, July/Aug. 2005.
2. S. Ansari, Rajeev S.G. and Chandrasekhar H.S, "Packet Sniffing: A brief Introduction", IEEE Potentials, Dec 2002 Jan2003, vol. 21, issue 5, pp: 17-19.
3. Zhiqiang Zhu, Jing Yan, Zhuopeng Wang, Guangyin Xu, "Data flow monitoring and control of LAN based on strategy", IEEE Conference Publications, vol. 2, pp: 225-228, May/2010.
4. J. Zhang, A. Moore, "Traffic trace artifacts due to monitoring via port mirroring," in Workshop on End-to-End Monitoring Techniques and Services, May 2007, pp. 1-8.
5. D. Ficara, S. Giordano, F. Oppedisano, G. Procissi, F. Vitucci, "A cooperative PC/Network-Processor architecture for multi gigabit traffic analysis," 4th International Telecommunication Networking Workshop on QoS in IP Networks, 2008.
6. A. S. Tanenbaum, "Computer Networks", Ed. 4, pp 45-47, 1981, Prentice Hall.
7. Duarte Vitor, Farruca Numo, "Using libpcap for monitoring distributed applications", 2010 International Conference on High Performance Computing and Simulation, HPCS 2010, Caen France, June 28, 2010 -July 2, 2010.
8. Mohammed Abdul Qadeer, Mohammad Zahid, Arshad Iqbal, "Network Traffic Analysis and Intrusion Detection using Packet Sniffer", Proceeding of the Second International Conference on Communication Software and Networks 2010.
9. M.F. Kaashoek, D.R. Engler, G.R. Ganger, D.A. Wallach, "Server operating systems", Proceedings of the 7th workshop on ACM SIGOPS European workshop: Systems support for worldwide applications, September 09-11, 1996, Connemara, Ireland.
10. D. Xu, Z. Tan, Y. Gao, "Developing application and realizing multiplatform based on Qt framework", Journal of Northeast Agricultural University, March/2006.
11. Brant D. Thomsen , "Method for detecting unauthorized network access by having a NIC monitor for packets purporting to be from itself", 3Com Corporation, Jan/2002, Patent: US 6745333 B1.
12. L.M.Garcia, "Programming with Libpcap – Sniffing the Network from Our Own Application", Hacking Magazine, Feb/2008.
13. T. S. Perry, J. Voelcker, "Of Mice and Menus: Designing the User-Friendly Interface", IEEE Spectrum, vol. 26, no. 9, pp.46 -51, 1990.
14. Yu Ren, Jun Qiu, "Embedded GUI Design Using Signal-Slot Communication Mechanism", 2009. WCSE '09. WRI World Congress on Software Engineering, vol. 1, pp: 159-162, May/2009.
15. W.F. Jolitz, M.T. Lawson, L.G. Jolitz, "TCP/IP network accelerator system and method which identifies classes of packet traffic for predictable protocols", Interprophet Corporation, Jan/2001, Patent: US 6173333 B1.
16. David C. Plummer, "An Ethernet Address Resolution Protocol", Network Working Group, Nov/1982, RFC 826.
17. R. Albert, H. Jeong, A.L. Barabási, "Error and attack tolerance of complex networks", Nature Magazine, no. 406, pp. 378-382, Jul/2000.
18. S. Whalen, S. Engle, D. Romeo, "An Introduction to ARP Spoofing", April/2001.

19. K. Liu, C. Hu, C. Yuan, C.L. Pok, "Ethernet architecture with data packet encapsulation", At&T Intellectual Property L, L.P., Jan/2010, Patent: US 7643424 B2.
20. J. Postel, "Internet Protocol", Department of Defense Standard, Jan/1980, RFC: 760.
21. J. Postel, "Assigned Numbers", Network Working Group, Jan/1980, RFC 762.
22. J. Postel, "User Datagram Protocol", Internet Standard, Aug/1980, RFC 768.
23. J. Postel, "Transmission Control Protocol", Department of Defense Standard, Jan/1980, RFC: 761.
24. S. Deering, R. Hinden, "Internet Protocol, Version 6 (IPv6) Specification", Network Working Group, Dec/1998, RFC 2460.
25. A. Sears, J.A. Jacko, M.S. Borella, "Internet delay effects: how users perceive quality, organization, and ease of use of information", CHI '97 extended abstracts on Human factors in computing systems: looking to the future, March 22-27, 1997.
26. M Dalheimer, "Programming with QT: Writing portable GUI applications on Unix and Win32", O'Reilly Velag GmbH & Co KG, ed: 2, 2002.

Saulo Fonseca, Formado em Eletrónica pela Escola Técnica Federal de Pernambuco do Brasil e aluno de Licenciatura em Informática da Universidade Aberta de Portugal. Iniciou sua vida profissional como técnico de redes de computadores e dedica-se a concluir as poucas unidades curriculares que lhe faltam para obter o grau de licenciado.

Henrique São Mamede, Doutorado em Sistemas e Tecnologias de Informação pela Universidade do Minho, com interesse nas áreas de investigação em engenharia e gestão de sistemas de informação. Professor da Universidade Aberta, no Departamento de Ciências e Tecnologia, onde exerce há 14 anos. Colaborador do INESC-TEC.

44

(esta página par está propositadamente em branco)

Revista de Ciências da Computação, 2014, nº9

Ambiente Virtual para Treino de Competências de Comunicação na Área da Saúde: o caso do atendimento em farmácia para automedicação

Ana Paula Cláudio [1,2], Maria Beatriz Carmo[1,2],
Vítor Pinto[1], Renato Teixeira[1], Diana Galvão[1]
Afonso Cavaco[3], Mara Guerreiro Pereira [4,5]

[1] University of Lisboa, Faculty of Sciences, Lisboa, Portugal
[2] BioISI– Biosystems & Integrative Sciences Institute, Lisboa, Portugal
apclaudio@fc.ul.pt, mbcarmo@fc.ul.pt,
fc41036@alunos.fc.ul.pt, fc37057@alunos.fc.ul.pt, fc37298@alunos.fc.ul.pt
[3] Faculty of Pharmacy & iMed.ULisboa, University of Lisboa, Portugal
acavaco@ff.ulisboa.pt
[4] Centro de investigação interdisciplinar Egas Moniz (CiiEM), Monte da Caparica, Portugal
[5] Escola Superior de Enfermagem de Lisboa (ESEL), Lisboa, Portugal
mguerreiro@egasmoniz.edu.pt | mara.guerreiro@esel.pt

Resumo

Este artigo descreve um protótipo de Realidade Virtual destinado ao treino de competências técnicas e de comunicação dos estudantes de Ciências Farmacêuticas. Numa situação simulada, um humano virtual desempenha o papel de um paciente/doente que requer o apoio de um profissional numa farmácia, comunicando com este através de mensagens de texto. O estudante comunica com este personagem virtual escolhendo opções na interface da aplicação. Esta interface contém para cada situação: i) um conjunto de questões a colocar ao paciente, destinadas a esclarecer a sua situação de saúde, ou em alternativa, ii) um conjunto de respostas ou recomendações para os problemas dos pacientes, em última análise o medicamento e a posologia recomendados. Estes conjuntos contêm opções corretas e incorretas, tendo o estudante o propósito de alcançar o melhor desempenho possível, escolhendo sempre as corretas. A simulação decorre num cenário pré-gravado de uma farmácia real, no qual o paciente virtual está inserido. Este personagem virtual é capaz de exibir expressões faciais e tem movimentos naturais do corpo obtidos recorrendo à técnica de captura de movimentos.

palavras-chave: Realidade Virtual, Humanos Virtuais, Competências Sociais na Área da Saúde, Ambientes Virtuais de Treino

Abstract

This paper describes a Virtual Reality prototype for technical and communication skills training of Pharmaceutical Sciences students. In a simulated situation, a virtual human plays the role of a patient requiring the assistance of a professional in a pharmacy, communicating via textual messages. The student communicates with this virtual character by choosing options in the interface of the application. This interface contains for each situation: i) a set of questions to pose to the patient to clarify his health condition, or alternatively, ii) a set of answers or recommendations to the patients' problem. These sets contain right and wrong options and the goal of the student is to attain the best performance by choosing always the right options. The simulation takes place in a pre-recorded scenario of a real pharmacy where the virtual patient was inserted. This virtual character is capable of exhibiting facial expressions and has natural body movements obtained by motion capture.

keywords: Virtual Reality, Virtual human, Social Skills in the Health Area, Virtual Environments for Training.

1 INTRODUÇÃO

As Competências Sociais, em particular as que dizem respeito à comunicação humana, são significativamente importantes para a maioria das atividades profissionais, mas são especialmente relevantes em profissões relacionadas com as Ciências da Saúde, como a Enfermagem, a Medicina e a Farmácia. Nestas áreas a precisão e eficiência com que ocorrem os fluxos de informação é determinante para a intervenção em saúde, evitando, por exemplo, o erro e as suas consequências na pessoa doente.

Os profissionais que trabalham nestas áreas têm que ser treinados para: (i) interpretar os sinais de comunicação que os seus interlocutores expressam verbalmente e através de linguagem corporal e (ii) dar uma resposta correta e adequada quer do ponto de vista técnico, quer do ponto de vista humanístico, sabendo que a comunicação entre profissionais e doentes tem um claro impacto no tratamento e cura, mesmo nas situações mais simples como, por exemplo, na automedicação.

Este artigo descreve um protótipo interativo destinado ao treino de Competências de Comunicação na Área da Saúde, em particular ao treino de estudantes de Ciências Farmacêuticas durante a entrevista para a automedicação. A simulação visualizada pelo estudante recorre a um cenário real de uma farmácia, capturado em vídeo, onde foi inserido um humano virtual (HV) representando o doente que o estudante tem de atender. Este HV exibe expressões faciais e, move-se com base em movimentos obtidos por captura de movimento recorrendo a uma Kinect [url-Kinect].

O protótipo simula vários cenários de queixas do doente que representam situações clínicas autolimitadas, e suporta uma interação conversacional entre o HV e o estudante. As intervenções do HV são representadas em mensagens de texto e o estudante escolhe opções de conversação de entre uma lista de possibilidades que lhe é mostrada. Ao longo da simulação, a reação exibida pelo HV em termos de expressão facial e de conversação depende da resposta escolhida pelo estudante e das situações particulares que se pretende recriar. Neste primeiro protótipo usou-se um modelo de HV que simula um indivíduo de meia-idade e a situação particular de queixa é "cefaleia".

O desenvolvimento deste protótipo e de uma aplicação, que lhe vai dar continuidade e que já está em desenvolvimento, tem sido acompanhado de perto por especialistas de Comunicação em Saúde. Pretende-se produzir uma ferramenta informática interativa que permita ao estudante um treino autónomo, dentro ou fora da sala de aula, e que complemente a sua aprendizagem dos protocolos de intervenção para o aconselhamento farmacêutico em automedicação. Este treino deverá, naturalmente, ser complementado por sessões com pessoas reais, nomeadamente com os professores que lecionam as disciplinas relativas à Comunicação na prática farmacêutica.

Para o desenvolvimento deste protótipo recorremos apenas a ferramentas de software gratuitas ou versões gratuitas de demonstração, à semelhança de outros trabalhos anteriores que também envolvem ambientes virtuais habitados por humanos virtuais para terapia de exposição [Cláudio et al. 2013; Cláudio et al. 2014; Teixeira et al. 2014]. Em particular e como explicado na secção seguinte, para a construção das simulações recorremos ao Blender [url-Blender] que é uma ferramenta gratuita de modelação e animação 3D.

A secção 2 deste artigo é dedicada ao estado da arte, a secção 3 contém a descrição da aplicação desenvolvida e fornece detalhes da sua implementação. Na secção 4 apresentam-se as conclusões e o trabalho futuro.

2 ESTADO DA ARTE

Na educação em saúde tem existido um conjunto de iniciativas que demonstram o potencial pedagógico dos ambientes virtuais no ensino-aprendizagem de competências técnicas e relacionais na prestação de cuidados de saúde [Hoffman 2000]. No caso do exercício profissional em farmácia, os organismos internacionais (Organização Mundial de Saúde, Federação Internacional de Farmácia) defendem uma preparação e treino dos farmacêuticos para as tarefas de aconselhamento no uso racional dos medicamentos, em particular na automedicação [Zeind & Mccloskey 2006], onde os doentes gozam de autonomia nas escolhas terapêuticas, mas em que o custo e efetividade das suas opções são cada vez mais importantes.

De acordo com estudos recentes, a integração da Realidade Virtual com a educação farmacêutica na interação com o doente parece não ter assistido a grande desenvolvimento, mesmo a nível internacional [Jabbur-Lopes et al. 2012; Cavaco & Madureira 2012]. As iniciativas produzidas para este fim necessitam de desenvolvimento e validação que responda à realidade profissional em cada contexto nacional, conhecendo os vários modelos de farmácia existentes nos diferentes países [Farris et al. 2005]. Em Portugal, as farmácias têm encontrado um ambiente crescente de pressão económica pelo que a especialização no aconselhamento da terapia de não-prescrição pode ser um vetor de avanço profissional.

As necessidades anteriores estão intimamente ligadas à educação e formação dos farmacêuticos no seu papel de prestação de cuidados ao doente, incluindo o de aconselhamento em automedicação [Schulz & Brushwood 1991]. Esta consulta farmacêutica para ser corretamente executada necessita do treino de competências técnicas e comunicacionais, a executar durante a entrevista ao doente, seguindo muitas vezes um protocolo de intervenção de forma a garantir que são cobertas todas as necessidades explícitas e implícitas do doente [Cavaco, Pereira 2012]. Pacientes virtuais com os quais existe a possibilidade de experimentar e aperfeiçoar a comunicação com o doente neste contexto são de grande valor na aquisição de verdadeiras competências para os cuidados farmacêuticos à pessoa doente [Orr 2007]. Uma experiência, em que estudantes de Farmácia interagiram, via email, com voluntários que desempenharam o papel de pacientes, revelou que os estudantes se sentiram mais confiantes na suas competências de cuidados de saúde no fim do semestre [Orr 2007]. Além disso, também se observou que as suas competências melhoraram em diferentes vertentes, nomeadamente, na sua capacidade de comunicação. Num outro estudo com estudantes de farmácia Portugueses, a aceitação destas metodologias para a aquisição de competências foi significativa [Pereira & Cavaco 2014].

A utilização da realidade virtual, no desenvolvimento de aplicações vocacionadas para o ensino e treino de competências na área da saúde, permite que haja uma maior liberdade de criação, modelação e exploração de novas situações. Por outro lado, os estudantes podem praticar e desenvolver as suas competências de comunicação, de avaliação do paciente e de técnicas de entrevista num ambiente seguro e sem que as suas ações tenham consequências no mundo real [Jabbur-Lopes et al. 2012].

Uma outra vantagem na utilização desta tecnologia, em comparação com os métodos tradicionais mais teóricos, é a possibilidade de o paciente virtual poder apresentar diferentes estados psicológicos (irritado, ansioso, entre outros), ilustrando a diversidade de registos com os quais um farmacêutico contacta no desempenho da sua atividade profissional.

A expressão de emoções e a modelação de comportamentos é uma das características da ferramenta AVATALK [Hubal et al. 2000], concebida para o apoio a programas de treino de competências em diversas áreas. Outras características a destacar são as técnicas de processamento de linguagem natural e a possibilidade de integração de ambientes tridimensionais para a simulação de cenários de treino. Esta ferramenta foi experimentada no contexto da prática médica em combinação com outra aplicação, o *Trauma Patient Simulator* que fornece os cenários, as histórias clínicas e as regras de simulação entre o paciente e o formando. Recorrendo a uma representação virtual 3D, é simulada uma situação de acidente, em que o formando tem que interagir com o paciente virtual de forma a conseguir resolver o problema clínico.

Há outras abordagens que não recorrem a ambientes virtuais 3D, mas a imagens de vídeo para criar ferramentas para treino de competências. Baseando-se em imagens vídeo, fotografias de pessoas em tamanho real e sons de fundo realistas, o *Virtual Practice Environment* (VPE) [Hussainy et al. 2012] tenta criar um ambiente imersivo para o treino de atendimento em farmácias. A recriação de um ambiente próximo ao de uma farmácia serve de fundo à representação dos papéis de farmacêutico e de doente. Mais ainda, as imagens de fundo podem também ser combinadas com gravações prévias de situações encenadas.

Um outro exemplo é o *Interactive Simulated Patient* (ISP) [Bergin & Fors 2003], uma aplicação multimédia para aprendizagem desenvolvida para estudantes na área da saúde, para explorar e resolver casos clínicos. Tem como objetivo ajudar os estudantes a praticar as suas capacidades de raciocínio clínico e onde a interação com o paciente fictício é feita através de linguagem natural, com introdução de texto numa janela de diálogo, e as respostas deste são fornecidas através de *clips* de vídeo.

3 PROTÓTIPO DESENVOLVIDO

O protótipo interativo desenvolvido executa-se num Web *browser* e inclui:

(i) um conjunto de animações que simulam situações específicas integrando um HV num cenário real de farmácia capturado em vídeo; este personagem desempenha o papel de cliente, comunica por mensagens de texto e exibe expressões faciais e corporais;

(ii) um conjunto de opções de pergunta ou de resposta que o utilizador, a treinar as competências de comunicação no papel de farmacêutico, analisa antes de escolher a que considera adequada. O comportamento exibido pelo cliente virtual no decurso da simulação, através da sua expressão facial e corporal e de conversação, depende da resposta escolhida pelo estudante e das situações particulares que se pretende recriar. A Figura 1 mostra a interface do protótipo no decorrer de uma sessão de utilização.

Figura 1 - Interface do protótipo no decorrer de uma sessão de utilização

No estado atual de desenvolvimento o protótipo integra apenas um modelo de HV (um homem de meia-idade aparentando cerca de 60 anos). Este modelo, que designamos por Carl, pode exibir três expressões faciais distintas, de entre as seis expressões base definidas por Paul Ekman [Ekman 2002]: neutra, contente e triste (Figura 2).

Figura 2 - Da esquerda para a direita, expressão neutra, contente e triste

Todos os vídeos das situações integradas no protótipo exibem o cliente virtual inserido dentro de uma farmácia real e simulam as seguintes cenas:

- utente entra na farmácia com expressão facial neutra;
- utente encontra-se em frente ao posto de atendimento e mantém a expressão neutra;
- utente encontra-se em frente ao posto de atendimento e altera a sua expressão facial de neutra para triste, mostrando algum nível de preocupação;
- utente encontra-se em frente ao posto de atendimento e altera a sua expressão facial de neutra para contente, mostrando algum alívio de espírito.

No início da simulação, o paciente virtual entra na farmácia e dirige-se ao posto de atendimento, exibindo, alternativamente, duas formas distintas de caminhar, uma lenta e manifestando alguma dificuldade na marcha e outra normal. O utilizador encontra-se na perspetiva do farmacêutico num dos postos de atendimento e observa o cliente a chegar ao balcão procurando contacto visual com o mesmo.

O utilizador assume o papel do farmacêutico, escolhendo a opção mais apropriada à situação de entre um conjunto de três como pode ser observado na Figura 1. O utente virtual reage de forma diferente consoante a escolha do utilizador. Esta reação é composta por uma fala (representada em forma de texto no canto inferior direito do vídeo) e uma expressão facial. O conjunto de uma pergunta do farmacêutico e uma reação do utente representa uma interação. Estas interações têm como base um guião que visa diagnosticar um caso particular: o de cefaleia. O guião encontra-se dividido nas diferentes fases de atendimento: acolhimento, avaliação, aconselhamento, seguimento e despedida.

3.1 DESENVOLVIMENTO

O desenvolvimento desta aplicação teve três fases distintas. Na primeira fase foram recolhidos vídeos da farmácia com vista a serem usados para efetuar a operação de *camera tracking* no Blender, versão 2.71. A segunda fase consistiu na captura de movimentos corporais com uma Kinect para animar o personagem e a sua integração no cenário real e, por fim, o desenvolveu-se a interface da aplicação.

3.1.1 Camera Tracking

A técnica de *camera tracking* é usada para fazer o seguimento dos elementos presentes no vídeo em todas as *frames* do mesmo. O objetivo principal é a inserção de elementos virtuais de tal forma que a posição, escala, orientação e movimento estejam enquadrados com os objetos reais presentes no vídeo. O *tracking* pode ser feito com recurso a marcadores artificiais previamente espalhados pelo cenário, ou então, como foi efetuado neste caso, através da identificação de características naturais no vídeo. Em ambos os casos, os marcadores ou características devem destacar-se claramente da área envolvente de forma a serem facilmente identificáveis. Para o sucesso do *tracking* existem ainda algumas características a que foi dada especial atenção durante a filmagem, de forma a diminuir o erro associado à solução:

- Boa qualidade de imagem – uma vez que o *tracking* é feito de forma automática pelo software, este necessita de uma boa qualidade de imagem para distinguir os vários marcadores em todas as *frames*,
- Não efetuar movimentos bruscos durante a captura – caso haja movimentos bruscos no vídeo as cores dos *pixels* entre as *frames* tendem a intersectar-se resultando numa cor diferente da real, dificultando o algoritmo de pesquisa automática.
- Boa abertura de imagem – desta forma podem ser identificadas mais características a serem usadas no processo de *tracking*.

A recolha dos vídeos foi feita *in loco* numa farmácia sem clientes e ao final do dia. Como não foi possível testar imediatamente os vídeos no software usado para o *tracking*, foram capturados vários vídeos, de vários ângulos de forma a simular a visão do farmacêutico. Posteriormente, foi escolhido o vídeo que melhor satisfazia as características anteriormente mencionadas.

O *tracking* foi efetuado usando as funcionalidades do Blender, numa sequência de passos ilustrados na Figura 3.
1   Acedeu-se ao "Movie Clip Editor".
2   Escolheu-se o vídeo pretendido.
3   Colocou-se o vídeo na primeira *frame* e espalharam-se marcadores sobre as características que mais se destacavam na imagem.
4   Efetuou-se o *tracking*.

Depois de efetuado o *tracking* foi necessário associar o mesmo à câmara virtual do Blender, de forma a que esta se movimentasse de acordo com a câmara real.

Figura 3 - Passos efetuados, no Blender, para a operação de *camera tracking*

No separador "Solve", pode verificar-se quais os marcadores em que o *tracking* foi perdido, os quais são representados com a cor vermelha. Nesta fase é obtido o valor do "Solve Error", cujo valor é determinante para se saber se o *tracking* é de qualidade. Caso este valor se encontre entre 0 e 1, indica que o *tracking* tem bastante qualidade e foi bem-sucedido; caso se encontre entre 1 e 2, o *tracking* é aceitável, mas podem vir a notar-se movimentos não planeados nos objetos virtuais; caso seja superior a 2, deve ser refeito o *tracking*, ser escolhido outro vídeo, ou no caso mais extremo, a gravação deve ser refeita com o auxílio de marcadores artificiais.

No caso deste trabalho, foram efetuadas várias tentativas para o *tracking*, com diversos vídeos. No final, o valor do "solve error" obtido foi 0.5079, indiciando um *tracking* bem-sucedido.

Depois de preparada a cena, foi criado um plano transparente coincidente com o chão com o objetivo de capturar as sombras do personagem, dando um aspeto mais realista à cena. Adicionalmente foram criados mais planos, de forma a simular as paredes da farmácia para criar oclusão do personagem, quando este se encontra atrás das mesmas.

Também com o objetivo de adicionar realismo à cena, tentou-se reproduzir a disposição das fontes de luz da farmácia real com as ferramentas de iluminação do Blender. Estes aspetos detalham-se nas subsecções seguintes.

3.1.2 Personagem virtual e animação facial

Sendo que a razão de ser do protótipo é o treino das competências de comunicação de um futuro profissional da área da saúde, a presença de uma personagem humana virtual revelou-se fundamental desde logo nas fases primárias de desenvolvimento. Pretendia-se uma personagem credível tanto ao nível da sua aparência como ao nível dos comportamentos exibidos, sejam estes corporais, faciais, ou outros. Este nível de qualidade pretendido revelou-se um desafio pois nem possuíamos habilidade artística para desenvolvermos um modelo de raiz, nem poderíamos suportar o custo monetário associado à aquisição de um modelo.

A opção adotada passou pela reutilização de elementos humanos de outras personagens virtuais existentes. E porque as expressões faciais desempenham um papel importante na aplicação, exigia-se um maior nível de detalhe ao nível da face do HV.

A cabeça (Figura 4) foi extraída de um repositório *online*; foram-lhe acrescentados detalhes em falta, como os olhos, e foi ajustada e adicionada ao corpo de um modelo 3D gerado através da ferramenta MakeHuman [url-makehuman] (Figura 5). Assim surgiu o modelo da personagem Carl que observamos nas Figuras 1 e 2.

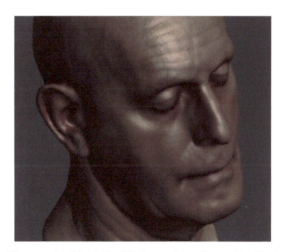

Figura 4 - Modelo 3D base da cabeça do Carl

Relativamente à animação do personagem Carl, utilizou-se o *rigging animation* que consiste na animação de um esqueleto - estrutura hierárquica de ossos ligados entre si. Deste modo, são atribuídos ossos a zonas específicas do corpo de acordo com os movimentos pretendidos. No caso do corpo, essa atribuição baseia-se na anatomia humana. No caso da face, os ossos foram colocados estrategicamente de modo a permitir reproduzir as expressões faciais pretendidas (Figura 6). A face foi animada através de *keyframing* e a animação corporal foi feita através da técnica de *motion capture*, descrita na secção seguinte.

Figura 5 - Modelo 3D cujo corpo foi usado para o modelo do Carl

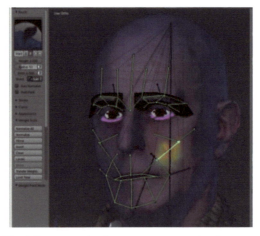

Figura 6 - Posicionamento dos ossos no rosto do personagem Carl

3.1.3 Personagem virtual e animação corporal

A técnica de *motion capture* ou captura de movimentos consiste num processo de gravação de movimentos com vista a serem posteriormente atribuídos a um modelo digital. Neste caso, foi utilizado o sensor de movimentos Kinect [url-Kinect], que possui uma câmara RGB para reconhecimento facial e das cores, e um sensor de radiação infravermelha que permite obter informação tridimensional do ambiente envolvente. A informação recolhida foi utilizada pelo NI MATE [url- NIMATE], um *plugin* para o Blender, que permite animar o esqueleto do personagem virtual, atribuindo os movimentos feitos pelo utilizador a um esqueleto pré-definido. Uma vez que o personagem Carl possuía um esqueleto mais complexo, houve necessidade de fazer o mapeamento do esqueleto pré-definido no esqueleto do nosso personagem. A utilização desta técnica introduz algum ruído na animação, o que foi agravado por a captura de movimentos não ter sido efetuada nas melhores condições, nomeadamente de luminosidade. Posto isto, procedeu-se à remoção do ruído, de forma manual usando o *Graph Editor* do Blender, para cada osso do personagem, de forma a suavizar a animação.

Neste protótipo estão integradas duas animações corporais que usam o mesmo modelo virtual, mas que simulam dois modos de locomoção distintos, um deles evidenciando maior dificuldade no andar (Figura 7), enquanto outro caminha normalmente (Figura 8).

Figura 7 – Personagem Carl evidenciando alguma dificuldade no andar

Figura 8 - Personagem Carl andando normalmente

3.1.4 Integração dos elementos do cenário e geração dos vídeos

Depois de efetuada a operação de *camera tracking* e de forma a criar uma simulação mais realista do ambiente, tentou-se reproduzir o cenário da farmácia no Blender. Antes de criar os objetos, um ponto importante a ter em atenção é o número da frame em que se está, caso não seja a primeira, os objetos virtuais e reais irão ficar desalinhados no decorrer da animação.

Assim, para simular o chão da farmácia foi criado um plano coincidente com este (Figura 9 e Figura 10), com o objetivo da captura de sombras do personagem, fazendo com que o personagem não aparentasse estar a flutuar na imagem. Nas Figura 7 e Figura 8 pode observar-se a sombra do personagem que aparece projetada no chão da farmácia real.

Figura 9 - *Viewport Shading*

Figura 10 - *Viewport Shading Solid*

Também foi criado um modelo 3D do escaparate com produtos (à esquerda na Figura 9 e Figura 10), com a parte lateral modelada de acordo com o objeto real. Este modelo não produz sombras, apenas tem como objetivo permitir que sejam tratadas corretamente situações de oclusão. Observe-se que a porta da farmácia, ao fundo da imagem, está parcialmente oculta pela estante; assim, quando o personagem entra na farmácia é possível simular que se encontra atrás da estante e parcialmente oculto por esta.

A simulação da iluminação foi conseguida através da criação de pontos de luz dispostos de forma semelhante à iluminação da farmácia (Figura 11).

Para a geração dos vídeos, o motor de *rendering* utilizado foi o "Blender Rendering". A resolução utilizada foi de 1920px por 1080px com todas as opções de *shading* do Blender ativas (*Textures, Shadows, Subsurface Scattering, Environment Map, Ray Tracing*) de modo a obter uma imagem mais realista (Figura 12). Devido à forma como foi feita a captura dos movimentos do personagem, os vídeos foram gerados a uma taxa de 12 *frames* por segundo, isto porque se fossem utilizados os habituais 24 *frames* por segundo os movimentos do personagem eram muito rápidos. Cada animação tem em média 145 *frames*, gerando assim para cada animação um vídeo de 12 segundos.

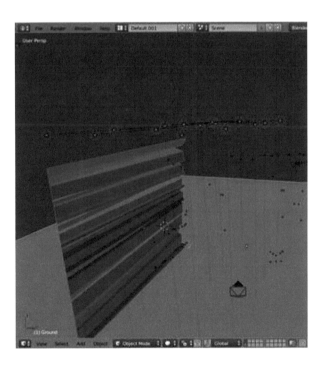

Figura 11 - Pontos de luz no cenário

Figura 12 - Opções de *Shading* ativas

3.1.5. Desenvolvimento da interface

Para o desenvolvimento da interface foram utilizados HTML, JavaScript e CSS. O *layout* é composto por uma barra de navegação na parte superior da página (Figura13). Nesta encontra-se o título, um *link* para a página inicial que permite ao utilizador voltar ao estado inicial da aplicação e ainda um outro *link* para obter informações.

Figura 13 - Barra de navegação da interface

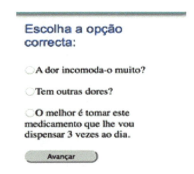

Figura 14 - Barra lateral da interface na aplicação

No corpo principal da página, encontra-se uma área para os vídeos, sobre os quais são colocadas as falas do utente virtual e do farmacêutico em forma de texto, na parte inferior e superior do vídeo, respetivamente, como se pode observar na Figura 1. As falas do farmacêutico dependem das escolhas feitas pelo utilizador, na barra lateral, onde são colocadas as várias opções para o utilizador escolher. Um exemplo de lista de opções pode ser observado na Figura 14. No desenvolvimento da interface teve-se especial atenção à disposição dos vários elementos de modo a torná-la o mais intuitiva possível e fácil de utilizar.

Para manter a fluidez da aplicação, os vídeos são inicializados automaticamente.

4 CONCLUSÕES E TRABALHO FUTURO

O protótipo apresentado neste artigo é uma prova de conceito que integra várias técnicas e tecnologias, todas de utilização gratuita, e mostrou ser um ponto de partida para a concretização de uma aplicação vocacionada para o treino de Competências de Comunicação no âmbito da entrevista farmacêutica em automedicação. As situações recriadas inserem-se num contexto de comunicação entre um utente de farmácia (o HV) e um futuro farmacêutico (o utilizador).

Existem vários aspetos que pretendemos ter em consideração no prosseguimento deste trabalho. Num futuro próximo será importante criar HV falantes que tornem mais natural a situação apresentada aos estudantes. Por seu turno, a integração de um sistema de reconhecimento de língua natural, incluindo a possibilidade de a aplicação reconhecer automaticamente as falas do utilizador e agir em conformidade, levanta diversos desafios técnicos e de conceção da própria aplicação e por isso será estudada num futuro menos imediato.

Um outro aspeto importante prende-se com o evitar da sensação de *dejá-vu* por parte dos utilizadores/estudantes. Do ponto de vista das animações este aspeto será conseguido através da criação de mais cenários e modelos de HV com capacidades de exibir variação de comportamento (recorrendo à Inteligência Artificial).

Adicionalmente, a aplicação deve dar suporte fácil à introdução de novas situações/diálogos, cenários que reflitam os protocolos de comunicação em saúde muito bem estudados.

É de fundamental importância a realização de testes com utilizadores (estudantes e professores), porque os resultados permitir-nos-ão identificar quais são os aspetos particulares da aplicação a refinar/corrigir e permitirão aos especialistas da equipa em Comunicação em Saúde, aferir a efetiva utilidade da aplicação no processo de aprendizagem desta vertente da prática farmacêutica.

REFERÊNCIAS

Bergin, R. A., Fors, U. G. H. (2003) Fors, "Interactive simulated patient — an advanced tool for student- activated learning in medicine and healthcare", Computers & education, 40(4), pp. 361–376.

Cavaco, A.M., Madeira, F. (2012), "European pharmacy students' experience with virtual patient technology", American journal of pharmaceutical education, 76(6): Article 106.

Cavaco, A.M., Pereira, P.F. (2012), "Pharmacists' counseling protocols for minor ailments: a structure-based analysis", Research in Social and Administrative Pharmacy, 8(1), pp 87-100.

Cláudio, A.P., Carmo, M.B., Pinheiro, T., Esteves, F. (2013), "A Virtual Reality Solution to Handle Social Anxiety", International Journal of Creative Interfaces and Computer Graphics, 4(2), pp 57-72.

Cláudio, A.P., Gaspar, A., Lopes, E., Carmo, M.B. (2014), "Characters with Affective Facial Behavior", Proceedings of GRAPP 2014- International Conference on Computer Graphics Theory and Applications, Lisboa, pp 348-355.

Ekman, P., Friesen, W.V., Hager, J.C. (2002), "Facial action coding system", Salt Lake City, UT: Research Nexus.

Farris, K.B., Fernandez-Llimos, F., Benrimoj, S.I. (2005), "Pharmaceutical care in community pharmacies: practice and research from around the world", Annals of Pharmacotherapy, 39(9), pp 1539-1541.

Hoffman, H.M. (2000), "Teaching and learning with virtual reality", Studies in Health Technology and Informatics, 79, pp 285-291.

Hubal, R. C. Hubal, Kizakevich, P. N. Kizakevich, Guinn, C. I. Guinn, Merino, K. D. Merino, West, S. L. (2000), "The Virtual Standardized Patient", Medicine Meets Virtual Reality, pp 133-138.

Hussainy, S. Y. Hussainy, Hons, B. Hons, Styles, K. Styles, Duncan, and G. Duncan (2012), "A Virtual Practice Environment to Develop Communication Skills in Pharmacy Students", American Journal of Pharmaceutical Education, 76(10): Article 210.

Jabbur-Lopes, M.O., Mesquita, A.R., Silva, L.M., De Almeida Neto, A.D.A., Lyra Jr., D.P. (2012), "Virtual patients in pharmacy education", American journal of pharmaceutical education, 76(5), Article 92.

Orr, K.K. (2007), "Integrating Virtual Patients Into a Self-Care Course", American journal of pharmaceutical education, American journal of pharmaceutical education, 71(2): Article 30.

Pereira, D.V., Cavaco A.M. (2014), "Exploring computer simulation to assess counseling skills amongst pharmacy undergraduates", Indian Journal of Pharmaceutical Education And Research, 48(1), pp 17-26.

Schulz, R., Brushwood, D. (1991), "The Pharmacists Role in Patient Care", Hastings Center Report, 21(1), pp 12-17.

Teixeira, R., Cláudio, A.P., Carmo, M.B., Gaspar, A. (2014), "Personagens Virtuais Expressivas", Actas do EPCG2014, Leiria, pp 11-18.

Zeind, C.S., Mccloskey, W.W. (2006), "Pharmacists' role in the Health Care System", Harvard Health Policy Review, 7(1), pp 147–154.

url- Blender: www.blender.org
url-NiMATE: http://www.ni-mate.com/
url-makehuman: www.makehuman.org
url-Kinect: www.xbox.com/en-US/kinect

 **Ana Paula Cláudio** é licenciada em Matemática Aplicada pela Faculdade de Ciências da Universidade de Lisboa (FCUL), Portugal, e doutorada em Informática pela mesma Universidade. É professora no Departamento de Informática da FCUL e investigadora do BioISI (*Biosystems & Integrative Sciences Institute*). Os seus interesses de pesquisa incluem computação gráfica, realidade virtual e aumentada, herança cultural digital, modelação e animação 3D.

 **Maria Beatriz Carmo** é licenciada em Matemática Aplicada pela Faculdade de Ciências da Universidade de Lisboa (FCUL) e é doutorada em Informática pela mesma Universidade. É professora no Departamento de Informática da FCUL e investigadora e investigadora do BioISI (*Biosystems & Integrative Sciences Institute*). Tem como principais interesses de investigação as áreas de visualização, realidade aumentada, ambientes virtuais e computação gráfica.

 **Vítor Pinto** é licenciado em Engenharia Informática pela Faculdade de Ciências da Universidade de Lisboa (FCUL), Portugal. Frequenta o mestrado de Engenharia Informática com especialização em Sistemas de Informação na mesma Universidade. No âmbito do mesmo faz investigação no BioISI (*Biosystems & Integrative Sciences Institute*). Tem como principais interesses de investigação as áreas de computação gráfica, realidade virtual, modelação e animação 3D.

 **Renato Teixeira** é mestre em Engenharia Informática pela Faculdade de Ciências da Universidade de Lisboa (FCUL), Portugal. No âmbito da sua tese de mestrado desenvolveu uma aplicação informática que recorre a cenários de Realidade Virtual e a Humanos Virtuais para apoio ao tratamento do medo de falar em público. Tem como principais interesses de investigação as áreas de computação gráfica, realidade virtual, modelação e animação 3D.

 **Diana F. Galvão** é licenciada em Engenharia Geográfica pela Faculdade de Ciências da Universidade de Lisboa (FCUL), Portugal. Frequenta o Mestrado em Engenharia Informática com especialização em Sistemas de Informação, no âmbito do mesmo faz investigação no BioISI (*Biosystems & Integrative Sciences Institute*). Tem como principais interesses de investigação a inteligência artificial e programação genética, bem como a integração e processamento de dados na área de *Business Intelligence*.

Afonso Miguel Cavaco é licenciado em ciências farmacêuticas e mestre em farmácia pela Faculdade de Farmácia da Universidade de Lisboa (FFUL), Portugal. É doutorado em sócio-farmácia pela School of Pharmacy UCL, Reino Unido, e pós-doutorado em comunicação em saúde pela Bloomberg School of Public Health da Johns Hopkins University, USA. Exerce funções de professor associado em sócio-farmácia na FFUL e é professor visitante da Faculdade de Farmácia da Universidade de Helsínquia, Finlândia. Tem atualmente como principal interesses de investigação os estudos relativos à interação e comunicação entre profissionais de saúde e doentes.

Mara Pereira Guerreiro é licenciada em Ciências Farmacêuticas pela Faculdade de Farmácia da Universidade de Lisboa (FFUL), Portugal, e doutorada na mesma área pela Universidade de Manchester, Reino Unido. É professora no Instituto Superior de Ciências da Saúde Egas Moniz (ISCSEM) e na Escola Superior de Enfermagem de Lisboa (ESEL). Genericamente as suas áreas de interesse em investigação são a qualidade na saúde e segurança do doente. Em ambiente empresarial tem desenvolvido investigação sobre qualidade no atendimento em medicamentos não sujeitos a receita médica.

Testes de *Software* na Redução do Consumo Energético dos Sistemas de Informação

Paulo José Matos [1], José Silva Coelho [2,3], Cristina Carapeto [3]

[1] Estudante Univ. Aberta, [2] INESC TEC, [3] Univ. Aberta-DCeT
Catalaopaulo@outlook.com, Jose.Coelho@uab.pt, Carapeto@uab.pt

Resumo

A mudança climática não pode ser desmentida. Desde que a humanidade adquiriu o conhecimento da eletricidade que tem transformado todo o seu modo de viver em seu redor. Para a produção de eletricidade recorre-se, em parte, à combustão de materiais que libertam CO_2 e que, pela quantidade emitida, potencialmente degrada o ambiente. Noutra perspetiva, em certas zonas geográficas, o acesso à energia elétrica é escasso. É neste contexto que surge a profissão de *Software Testing*. Neste artigo procura-se quantificar o contributo dos testes de *software* no desenvolvimento de aplicações que tenham em conta um consumo energético mais reduzido. Para atingir esse objetivo é proposta e aplicada uma metodologia para a medição de consumo e é definida uma fórmula matemática para apuramento da viabilidade económica dos testes. As consequências de um *software* que consuma menos energia serão de três ordens: a ambiental – na redução da emissão de CO_2; a humana – pela possibilidade de mais pessoas utilizarem a capacidade energética instalada; e a financeira – na redução direta do custo do consumo.

palavras-chave: Eficiência Energética, Mudança Climática, Testes de *Software*, Watt

Abstract

Climate change cannot be ignored any longer. Since humanity has developed the knowledge of electricity and has shaped his existence in a way that we are all dependent on it. The generation of electricity is linked to the combustion of products that release CO_2 into the atmosphere which has the potential to degrade the environment. On the other hand, some countries have a restricted access to electricity. It is in this context that a new profession emerges – the software testing. This article aims at quantifying the contribution of Software Testing in the energy consumption of software. To achieve this goal it is proposed and applied a simplified methodology for measuring consumption of software and it is defined a mathematical formula to calculate the economic viability of the tests. The consequences of an optimized software in its energy consumption will be: environmental – by reducing CO_2 emissions; human – by allowing more people to use the already installed power capacity; and financial – by reduction of economical expenditure.

keywords: Climate Change, Energy Efficiency, Software Testing, Watt

1. Introdução

O presente artigo procura ser um contributo para a promoção do aumento da eficiência energética do *software* e pretende analisar uma vertente onde os profissionais de testes podem contribuir para esse esforço.

Na secção 2 faz-se uma breve revisão sobre o tema "eficiência energética" na ótica do *software testing*. Esta parte subdivide-se em cinco componentes:
- Quais os contributos existentes ao nível do tema por parte de *testers,*
- Contributos da comunidade de sistemas de informação,
- Apresentação de uma ferramenta de simulação de consumo energético de *software* disponibilizada pela Microsoft® Research – o Joulemeter,
- Proposta de um modelo simplificado de Testes ao Consumo Energético do *Software* (TCES) e
- Demonstração da viabilidade económica para a realização de testes por via de uma fórmula matemática.

Na secção 3 são apresentados os resultados obtidos pelos ensaios realizados com base na metodologia proposta, incluindo-se aqui a aplicação direta da fórmula matemática. Finalmente, na secção 4, termina-se com as considerações finais.

2. Eficiência Energética nos Sistemas Computacionais

Ao longo da sua história, o Homem evoluiu muito mais do que apenas sob o ponto de vista biológico. De entre os muitos aspetos incluídos na evolução humana, pode mencionar-se a crescente utilização da tecnologia que gradualmente alterou o seu modo de vida, hábitos e costumes, formas de pensar e de agir. O domínio da ciência informática terá sido, até hoje, a última grande revolução na forma como encaramos a vida e como a moldamos. Tudo começou apenas no conceito de *hardware*. Este pequeno passo foi de tal modo decisivo que hoje já se acredita numa existência virtual comandada e intermediada por uma "entidade" intangível – o *software*.

2.1 *Software Testing* e Eficiência Energética do *Software*

A profissão de *Software Testing* é relativamente recente, contando com aproximadamente 5 décadas no mundo. Já a realização de testes de *software* para medir a eficiência energética não teve ainda contributos substanciais por parte destes profissionais com exceção de Brennan e Blatt, ambos no ano de 2008.

Brennan, na EuroSTAR Conference 2008, referiu que *Ineffective/Inefficient Testing = Resource Wastage / Global Impact* (Brennan, 2008). Porém as ideias apresentadas são essencialmente "formas de trabalhar", ou seja, boas práticas que devem existir nos projetos de *software* do ponto de vista macro, como, por exemplo, o facto de os ambientes de testes serem reutilizados. Blatt, por sua vez, destacou que os engenheiros/produtores de *hardware* ao terem implementado medidas de eficiência energética já conhecem os benefícios financeiros daí decorrentes, tendo mesmo uma métrica nesse sentido – *performance per watt* (Blatt, 2008). Blatt fez ainda a pergunta essencial sobre a qual todos os engenheiros de *software* devem refletir: *highly efficient code will use less processing power, and therefore less energy; but is the extra development effort (and energy spent doing it) worth it?* (Blatt 2008).

2.1.1 O Impulso Alemão

Na Alemanha, em 2010, surgiu o projeto Green Software Engineering e a conferência anual Energy-Aware – High Performance Computing (EAHPC) que, desde então, têm sido os impulsionadores de muita investigação nesta área, dando origem a diversos artigos científicos sobre a eficiência energética do *software*.

O projeto Greensoft apresentou um modelo com o mesmo apelido (Tabela 1), em que Dick *et al.* (2010) olhando para o ciclo de vida do *software* globalmente, decompuseram-no em três momentos: o desenvolvimento, a utilização e o fim de vida.

Tabela 1 – Ciclo de vida do *software* proposto pelo modelo GreenSoft

	Desenvolvimento		Utilização	Fim de Vida	
	Desenvolvimento → Distribuição		Utilização →	Desativação → Alienação	
Efeitos de primeira ordem	• Viagens de negócios • Climatização do escritório • Iluminação do posto de trabalho • Condições de trabalho • …	• Embalagens • Manuais • Transporte • Tamanho do *download* • ….	• Consumo energético do *software* • Consumo de recursos pelo *software* • Requisitos de *hardware* • Acessibilidade • …	• Tamanho do *backup* • Tempo de conservação por imposição legal • Reconversão de dados para futura utilização • …	• Embalagens • Manuais • *Backups* • …
Efeitos de segunda ordem	• Teletrabalho • Distribuição de tarefas de desenvolvimento em rede • Motivação da equipa de desenvolvimento • …		• Desmaterialização • Logística • Métricas • …	• Interrupções de funcionamento • …	
Efeitos de terceira ordem	• Alteração dos métodos de desenvolvimento de *software* • Alteração do funcionamento das organizações • Alteração no estilo de vida • …		• Mudanças nos processos de negócio • Introdução de novas tecnologias mais eficientes • …	• Procura de novos produtos de *software* • …	

Esta abordagem holística do *software*, aqui decomposta nas suas vertentes de desenvolvimento (desenvolvimento e distribuição), utilização e fim de vida útil (desactivação e alienação), mostra a possibilidade dele ser sustentável, além de ultrapassar o debate específico do consumo energético *per si*. Porém, e numa adaptação da ISO 14756:1999, os autores propuseram pela primeira vez uma abordagem mais simples da medição do consumo do *software*, admitindo que ele não consome energia isoladamente. Segundo esta linha de raciocínio, dever-se-ia validar o consumo energético de todo o conjunto (*software + hardware*) e que denominaram como *System Under Test* (SUT). Aliás, esta interpretação – *para medir a influência do software no comportamento de um sistema de processamento de dados é necessário medir o comportamento do sistema no seu todo* – está em conformidade com a definição da ISO/IEC 14756:1999 – *Measurement and Rating of Performance of Computer-based Software Systems* (Medição e Classificação da Performance de Sistemas de Software em Computadores) que define o normativo internacional de qualidade para efetuar medições a sistemas informáticos.

Fora do contexto dos profissionais de testes, aconteceu, em 2010, o primeiro EAHPC em que se destacou o trabalho de Minartz *et al.* que mediram o consumo de cada componente de computador para dois tipos de atividade: (i) atividade nula (0% utilização ou *idle*) e (ii) atividade com carga no sistema (ou stress), concluindo ser possível comparar diferentes programas em termos de eficiência energética. A partir dos dados obtidos, os autores acreditam ser possível extrapolar para uma avaliação em termos de benefícios económicos. Nos casos estudados, e verificadas diferentes estratégias, encontraram possíveis benefícios energéticos entre 10% a 32%.

Já em 2011, também na conferência EAHPC, Mämmelä *et al.* demonstraram que após terem programado um algoritmo (*Job Scheduler*) num conjunto de servidores, e tendo-o deixado correr por um período superior a 3 anos, se tinha verificado um aumento da eficiência energética nesses servidores em cerca de 39%.

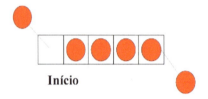

Figura 1 – Esquema de uma fila de "Job" (processos) (Mämmelä *et al.*, 2011)

2.1.2 Joulemeter – O Contributo Outsider de Ouro da Microsoft

O departamento da Microsoft Research deu a atenção que se impunha à eficiência energética do *software* e, em 2010, Kansal *et al.* disponibilizaram um *software* de simulação do gasto energético – o Joulemeter. Este *software*, para além de ser totalmente gratuito, apresenta características ímpares. Entre estas inclui-se a simulação do consumo energético de uma aplicação de *software* em concreto. Se esta simulação for aplicada a um dispositivo portátil, o nível de precisão é mais elevado do que quando aplicada a um computador inamovível, pois a calibração do Joulemeter é realizada com base no desgaste da energia existente na bateria.

2.2 Proposta de Metodologia de Testes ao Consumo Energético do *Software* (TCES)

Com o objetivo de massificar a realização de Testes ao Consumo Energético do *Software* (TCES) é apresentada uma metodologia faseada em seis (6) etapas:

1. Identificação das especificações do *System Under Test* (SUT)
   Nesta etapa são obtidas as especificações técnicas do *software* e *hardware*, tais como qual o sistema operativo, a arquitetura (32 ou 64 bits) e ou ainda o *thermal design power* (TDP). Estas informações são importantes para permitirem a possibilidade de replicação futura dos ensaios.

2. Identificação das variáveis referência

   Consideram-se variáveis de referência o CMaEG e o CMiEG (ver mais à frente designações), que nos indicam o consumo de energia máximo e mínimo, protagonizado por aquele SUT específico. Para calcular o CMaEG o SUT deve ser levado ao limite da sua capacidade de processamento, situação possível com recurso à execução dos programas do *software* HeavyLoad e/ou IntelBurnTestV2, e será o valor máximo medido no Joulemeter. No cálculo do CMiEG o computador deve estar ligado durante 5 minutos sem realizar qualquer operação e será o valor mais baixo apurado no Joulementer durante esse período.

3. Preparação do ambiente de testes

   Esta fase é importante pois é necessário reservar um período temporal para poder instalar os *softwares* adicionais de monitorização, como por exemplo o HWiNFO32 que irá medir a atividade de processamento em tempo real, ou ainda para o exercício de provas de conceito sobre a operacionalidade do SUT com os instrumentos de medição físicos ligados. Efetuando as provas de conceito é possível perceber se o ensaio de testes terá sucesso na medição, se será contaminado por erros ou se origina más medições.

4. Informações do caso de teste

   É importante perceber qual o objetivo do caso de teste e aquilo de que se necessita para que ele seja cumprido. Esta condição é imprescindível para que o *tester* possa encontrar a melhor forma de o executar interagindo o mínimo possível com o SUT. Por exemplo, se a funcionalidade a medir for o clicar num botão dentro de um *browser*, ou percorrer uma série de ecrãs, então poderá criar-se um *script* de automatização de ações no *browser*. Ou ainda, outro exemplo, se a funcionalidade que se pretende medir for a execução de um programa em MS-DOS poderá criar-se um *batch script*. Interagir o mínimo possível quando ocorre a medição é importante porque é difícil ao ser humano efetuar comportamentos repetíveis sem adicionar outros elementos (ou variáveis) à execução do caso de teste.

5. Execução do caso de teste

   Um caso de teste é uma operação funcional de negócio realizada via *software*, durante a qual se faz a medição do consumo energético do SUT. Se for utilizado o *software* medidor, como o Joulemeter, este deve ser iniciado antes do caso de teste decorrer, tal como deve ser iniciada a medição de um wattímetro ou pinça amperimétrica se for escolhido o método físico. A seguir deve-se iniciar o *software* de apoio HWinfo32 para recolha dos dados em tempo real do processamento do SUT. Para que o SUT não seja contaminado com o processamento do programa de monitorização HWinfo32 e/ou com o Joulemeter deve ser feita uma pausa de 120 segundos para estabilização do sistema. Depois inicia-se a execução do caso de teste até ao objetivo/ação ser cumprido. Resultam deste processo dois tipos de outputs: uma medição manual, fruto da observação do *tester* no medidor físico (ou um ficheiro de log com origem no Joulemeter) e um ficheiro de log (dados) do HWinfo32.

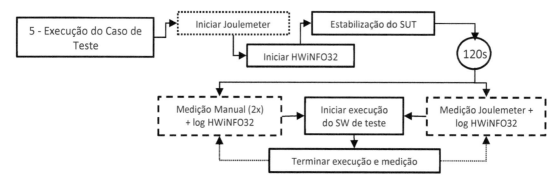

Figura 2 – Detalhe da etapa 5 da metodologia proposta no TCES

6. Resultados do caso de teste

Terminada a execução do caso teste, os resultados dos diversos *logs* (incluindo o obtido manualmente) devem ser aglutinados e uniformizados numa única folha de cálculo. Entende-se por uniformização de dados, por exemplo, a normalização de datas-hora ou ainda efetuar arredondamentos a números inteiros, utilizando para isso as diversas fórmulas da folha de cálculo. No processo de aglutinação, se se encontrarem falhas no apuramento dos resultados é da competência do *tester* considerar se deve ou não haver uma repetição do passo anterior. Só com os dados uniformizados é possível tirar conclusões comparativas entre dois ensaios.

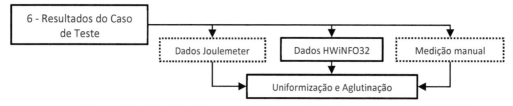

Figura 3 – Detalhe da etapa 6 da metodologia proposta no TCES

A proposta apresentada é menos formal, menos rígida e de mais fácil acesso do que, por exemplo, a preconizada na norma ISO 14756:1999, que assim tem impedido a massificação dos testes de *software* com o objetivo do aumento da eficiência energética. Por sua vez, os equipamentos físicos usados na medição são de preço acessível, bem como os *softwares* de apoio (que são livres de encargos ou bloqueios legais à sua utilização).

Considera-se terem sido incluídas todas as boas práticas para garantir a qualidade da operação (como por exemplo terem sido definidos tempos de estabilização do *System Under Test* (SUT), a vasta caraterização de todo o ensaio, permitindo assim a fácil reprodutibilidade por terceiros, entre outros).

A metodologia TCES foi flexibilizada pelo que não é obrigatória a existência de um medidor externo ao SUT (seja ele físico ou emulado), isto porque se considera que o processo de alimentação desse medidor, por via de um *software* cliente (dentro do SUT), acaba por ter um impacto equivalente a um *software* de recolha das variáveis em tempo real.

Ao nível das responsabilidades, estas são totalmente atribuídas ao *tester* em linha com a ISO 14756:1999, que indica que o *tester* é o condutor do processo de medição, ao ponto de este poder considerar uma medição válida ou descartá-la na totalidade, provocando a sua repetição.

De forma a balizar os consumos obtidos nos testes, a metodologia obriga a que seja feito o apuramento do Consumo Mínimo Energético Global (CMiEG) e do Consumo Máximo Energético Global (CMaEG), sendo que assim se saberão os limites possíveis do consumo energético do SUT.

2.3 Fórmulas do Ponto de Viabilidade Económica para Execução de Testes

São apresentadas duas fórmulas matemáticas para o cálculo da viabilidade da execução de testes de *software* no apuramento do consumo energético do mesmo. A diferença entre elas reside no facto de, na segunda, ao custo da energia ser somado o valor de aquisição de créditos de carbono.

1ª Fórmula custo do teste *vs* custo da energia:

$$h * x \leq y * z$$

Detalhando

$$h * x_{(€/hr)} \leq \frac{(e1_{(Ws)} - e2_{(Ws)})}{3600 * 1000} * VAPD_{(€/kWh)} * z$$

2ª Fórmula custo do teste *vs* custo da energia *vs* custo da aquisição de créditos carbono:

$$h * x \leq y_2 * z$$

Detalhando

$$h * x_{(€/hr)} \leq \frac{(e1_{(Ws)} - e2_{(Ws)})}{3600 * 1000} * \left[VAPD_{(€/kWh)} + VRPE_{(tCO2/kWh)} * ACC_{(€/tCO2)} \right] * z$$

<u>Legenda</u>

h Número de horas de testes (hr)
x Custo da execução de testes, por hora (€/hr)
z Número de utilizações estimado (útil.)
y Consumo energético da aplicação acima do normal, por utilizações (€/útil)
y_2 Consumo energético da aplicação acima do normal deduzindo a poupança por não aquisição de crédito de carbono, por uma hora (€/hr)
e_n Consumo Energético de uma aplicação ou funcionalidade em teste (Ws)
$VAPD$ Valor de Aquisição a um Produtor de Eletricidade (€/kWh)
$VRPE$ Valor referência do produtor de eletricidade das toneladas de CO_2 libertadas por kWh produzido (tCO$_2$/kWh)
ACC Aquisição de Créditos de Carbono (€/tCO$_2$)

Nas fórmulas acima apresentadas existem três variáveis que serão mais voláteis, que as restantes, pois podem ser alteradas por motivos exógenos (por exemplo condições da oferta e procura do mercado de trabalho) e num curto espaço de tempo. São consideradas variáveis voláteis: o (i) Custo de execução de testes por hora (ii) Consumo energético da aplicação acima do normal e (iii) Número de utilizações. As restantes variáveis são mais robustas, pois permanecem mais constantes durante o tempo, como é o caso do custo de eletricidade junto do produtor.

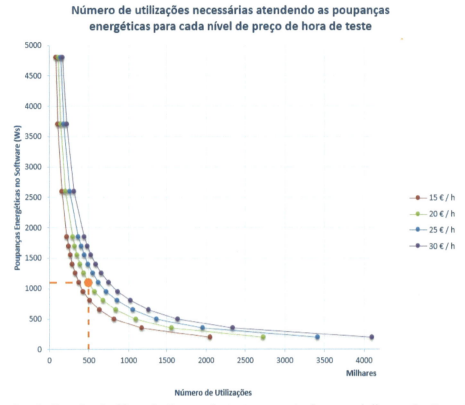

Gráfico 1 – Aplicação da fórmula "custo de teste *vs* custo da energia" na relação entre três variáveis: Preço Hora de Testes de *Software* / Ganhos de Eficiência Energética por Funcionalidade / Número de Utilizações Necessário para Rentabilização

O gráfico 1 permite aos *stakeholders* avaliarem, de uma forma visual, se valerá ou não a pena investirem na aquisição de testes de *software*. Tendo em consideração que 1 hora de testes de *software* custa cerca de 20€ e que esses testes permitem uma redução do consumo em 1100 Ws (prevendo-se uma utilização em cerca das 500.000 vezes no contexto da vida útil do *software*), não deverá ser difícil tomar a decisão mais vantajosa.

Poderão surgir críticas a este modelo matemático, pois apenas está a considerar o custo/hora do *tester* e não o custo do *refactoring* do código fonte por parte do programador. Esta assunção tem por base a realidade portuguesa, onde a presença do *tester* nos projetos de *software* ainda é entendida como facultativa, ainda que sempre desejável. Assim, a fórmula demonstra que o *tester* é necessário para a realização deste tipo de testes (orientados ao consumo energético) e que essa relação custo/benefício pode ser quantificada. Outra crítica aqui assumida é que o potencial de melhorias ao nível do consumo energético poderá ficar aquém do estimado, pelo que o consumo energético em excesso deve ser considerado uma perda potencial e não efetiva. Ainda que a crítica seja aceite, todos os estudos encontrados na bibliografia vão no sentido oposto, isto é, os algoritmos testados confirmaram sempre a possibilidade de redução de consumo energético (Mämmelä et al, 2011).

3. Resultados

Aplicou-se a metodologia de Testes ao Consumo Energético de Software proposta em vários casos de teste e em dois SUT com características diferentes: desktop clássico *versus* portátil.

3.1 Eficiência Energética no *Software*

Os *softwares* de apoio Joulemeter e HWiNFO32 mediram em tempo real, 35 ou 55 parâmetros, consoante o SUT. Após a análise de cada um dos parâmetros, atribuiu-se importância à sua medição no estudo do consumo energético aos seguintes: **a)** Tempo do Caso de Teste, **b)** Consumo Energético da Globalidade do SUT, **c)** Consumo Energético do Processador, **d)** Consumo Energético da Aplicação em Teste, **e)** Nível de Processamento Alcançado, **f)** Nível de Transações em Disco Rígido e **h)** Nível de Processamento da Placa Gráfica.

A análise dos resultados permite verificar que o Caso de Teste 1A está contaminado por pequenas falhas que, todavia, não impediram o sucesso do objetivo proposto. Este Caso de Teste 1A parece ter provocado uma distribuição das necessidades de processamento um tanto confusa (Gráfico 2). Da observação do gráfico podemos ver que, ao segundo 10, o "Core#1 Thread #1" quase atingiu 50% de utilização enquanto os restantes 3 Cores desceram. Contudo, estes últimos quase que imediatamente voltaram a subir, enquanto o primeiro desceu até ao zero de processamento. Também se pode observar que as amplitudes de processamento são na casa dos 55% ("core#1 Thread #0"). Se analisarmos o Caso de Teste 1B verificamos que as amplitudes são bastante menores atingindo no máximo 30% (Gráfico 3).

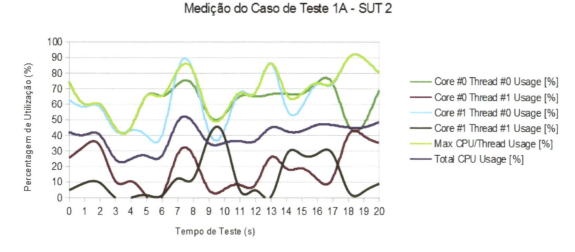

Gráfico 2 – Nível de processamento do SUT 2 no caso de teste 1 A

O gráfico 2 mostra amplitudes de processamento na casa dos 55% (exemplo o "core#1 Thread #0" que no segundo 6 estava com 35% e depois, no segundo 7, com 90%).

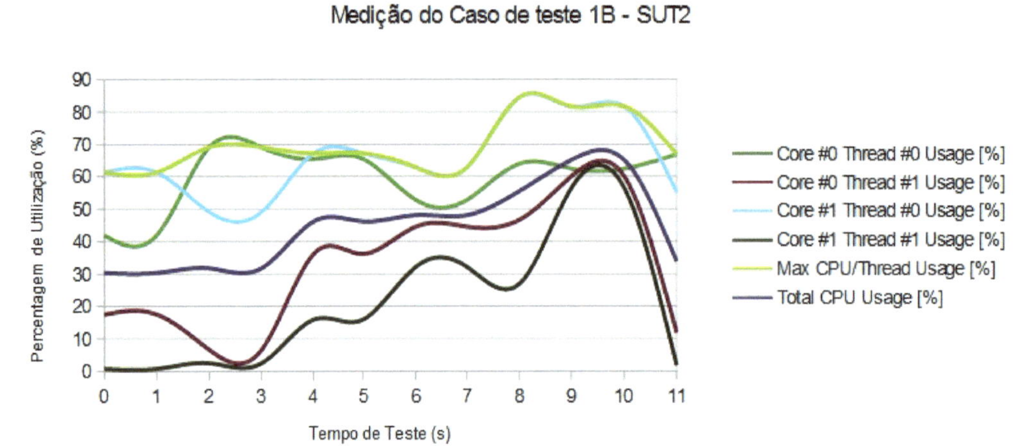

Medição do Caso de teste 1B - SUT2

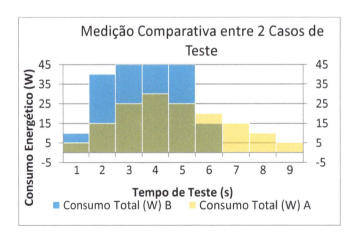

Gráfico 3 – Nível de processamento do SUT 2 no caso de teste 1 B

O gráfico 3 mostra amplitudes de processamento na casa dos 30% (exemplo o "Core #0 Thread #1" no segundo 3 estava nos 10% e no segundo 4 estava nos 40%).

Esta análise permitiu entender que, se um *software* for mais constante ao nível das requisições de capacidade de processamento, poderá este parâmetro ser um indício de um melhor desempenho energético. Neste caso concreto, tal situação fica demonstrada ao verificar-se que o Caso de Teste 1A teve um consumo 334 Ws e o Caso de Teste 1B teve um consumo de apenas 195Ws.

Outro aspeto que diferencia os casos teste 1A e 1B, medidos no SUT 2, foi o tempo despendido na tarefa. Para completar o Caso de Teste 1A demorou-se mais 9 segundos que para completar o Caso de Teste 1B. Estes 9 segundos adicionais representam um incremento de pelo menos 80%. Esta diferença de tempo por si só poderá não ser muito importante se a funcionalidade em teste não necessitar de ser calculada em tempo real. Assim se, teoricamente, o CT1A tivesse durado mais tempo mas consumido menos energia, no total do apuramento ele seria mais eficiente (ver Gráfico 4).

Gráfico 4 – Comparativo teórico entre duas aplicações em que o CT B consumiu 200 Ws e o CT A consumiu 150 Ws.

Conclui-se que, para uma análise de eficiência energética de um *software*, são de recolha obrigatória os parâmetros Tempo do Caso de Teste e Consumo Energético da Globalidade do SUT.

3.2 Análise dos Resultados dos Ensaios Realizados segundo a TCES

Os resultados alcançados, numa comparação intra SUT, demostram que em todos os ensaios realizados há possibilidade de implementar melhorias nos programas de *software* (Tabela 2).

Tabela 2 – Comparação entre os totais mínimos e máximos do consumo energético nas SUT 1 e 2 para cada caso de teste

SUT	Caso de Teste	Consumo Energético Total			
		Min (Ws)	Max (Ws)	Δ (Ws)	Δ%
1	1	1878	8278	6400	341%
2		195	334	139	71%
1	2	2127	13100	10973	516%
2		149	532	383	257%
1	3	1555	52462	50907	3274%
2		258	9712	9454	3664%
1	4	355	4134	3779	1065%
2		49	748	699	1427%

No caso de teste 1 e 2, pelo facto do ensaio utilizar o mesmo *software* em versões diferentes, em que há sempre uma versão que apresenta falhas não impeditivas, poderá este cenário traduzir as variações de consumo energético que mais facilmente irão surgir no mundo real. Ainda assim, encontramos variações que vão desde 71% a 516% e que representam, respetivamente, uma variação de poupança de 139 Ws a 10973 Ws.

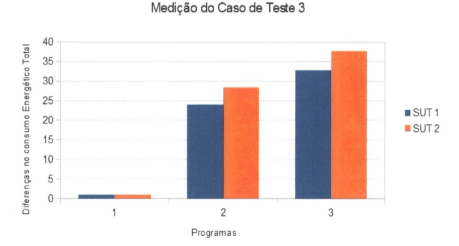

Gráfico 5 – Avaliação do Caso de Teste 3, em que o caso A, por ser o mais baixo, é usado como referência para o B e C

Noutra perspetiva, e avaliando os resultados do caso de teste 3 (Gráfico 5), em que se comparou o consumo energético de três programas construídos de forma autónoma entre si mas que visavam encontrar a mesma solução, ou seja, foram programados por pessoas diferentes mas orientadas para que o programa tivesse a mesma funcionalidade, verificou-se que, entre o programa que consome menos e o que consome mais, a variação é muito elevada (em cerca de mais de 35 vezes para o pior caso), e isto independente do SUT onde se realizou o teste. Em termos absolutos, a pior diferença foi encontrada no SUT 1 no caso de teste 3C com uma diferença de 50907Ws. Porém, neste SUT 1 todos os testes executados gastaram mais que no SUT 2 (em média 1140%[1]). Em termos relativos, foi no SUT 2 que se gastou mais energia face ao programa de *software* considerado como padrão no processamento de dados, o que quer dizer que apesar do SUT 2 apresentar sempre um consumo inferior face ao SUT 1, o *software* estava tão pouco otimizado que foi efetivamente necessário consumir mais 3664% para que o programa conseguisse devolver um resultado válido.

Por fim, no caso de teste 4 (ver Tabela 2), a diferença do consumo situou-se entre os 1065% e os 1427% a mais, respetivamente para o SUT 2 e SUT 1. Acontece que, quando a situação de erro não devolve um resultado válido ou não devolve sequer nenhum resultado, sendo que o processamento e energia gasta foi para "o vazio", o custo é sempre considerado alto, independentemente do valor (absoluto) obtido.

Com os resultados acima apurados podem-se retirar 3 conclusões: a) o consumo energético de um *software* é muito influenciado pela forma como o código fonte foi construído/desenvolvido; b) num *software* pequenos erros provocam um aumento no consumo energético mas o seu impacto é menor que num *software* que não tenha o seu código fonte otimizado; c) um *software* que apresente erros que levem ao colapso do programa, ou que não devolvam resultados válidos, apresentam um duplo problema – não só consumem mais energia como esse consumo gasto no processamento é em vão.

3.3 Viabilidade Económica para Realização de Testes

Face aos resultados apresentados e utilizando o pior cenário[2] encontrado, isto é, onde existe um valor de diferença de 3664% (9712 Watts-segundo), fica demonstrado que compensaria investir 25€ em testes de *software* num cenário em que se estimasse, a título de exemplo, a utilização do programa por 1446 utilizadores e em que cada um deles usasse a funcionalidade 50 vezes.

Aplicamos a fórmula "custo de teste *vs* custo da energia" para no cálculo deste caso exemplo, que contempla a diferença de 9712 Ws :

$$1\text{h de testes} * 25\,\text{€} \leq \frac{9712\,\text{Ws}}{3600 * 1000^3} * 0{,}1317\,\text{€/kWh} * \begin{pmatrix} 50\text{ utilizações} * \\ 1446\text{ utilizadores} \end{pmatrix}$$

$$25\,\text{€} \leq 25{,}68\,\text{€}$$

---

[1] (2478% + 963% + 2462% + 1428% + 603% + 511% + 540% + 724% + 553%) / 9 Casos de teste = 1140%

[2] SUT 2 – caso de teste 3C

[3] Destina-se à normalização de unidades, de Ws para kWh, uma vez que o custo de energia é em kWh, enquanto a diferença de energia está em Ws

4. Conclusões

Este artigo demonstra a viabilidade económica da contribuição dos profissionais de testes para a construção de um *software* mais eficiente do ponto de vista energético, bastando para isso a conjugação das seguintes três variáveis: a) Preço Hora de Testes, b) Número de Utilizações Previsto do *Software* e c) Redução de Consumo Estimada.

Pese embora a ausência de estudos sobre o tema da eficiência energética do ponto de vista do *software testing*, as informações recolhidas permitiram enquadrar um conjunto de boas práticas que foram traduzidas numa metodologia de medição do consumo energético do *software*. A metodologia, por ser mais simples que as existentes, poderá ser mais facilmente massificada por estes profissionais, pelo que terá um impacto direto na indústria beneficiando todos. Do ponto de vista de negócio, a metodologia sugerida poderá abarcar todos os sectores da sociedade, em particular os *softwares* de grande consumo, assim como os distribuídos na internet (ou que funcionam como SaaS – *Software as Service*). Pode ser ainda aconselhável a utilização desta metodologia nos *softwares* que necessitem de ser auditados pela norma 14756:1999, funcionando como uma pré-inspeção. Do ponto de vista ambiental, uma vez que há uma menor emissão de CO_2, os resultados também se apresentam favoráveis. Por outro lado ainda, utilizando a energia de uma forma mais eficiente, evitando desperdícios que, como se viu são facilmente evitados, ela pode ser disponibilizada para outras funções.

De sublinhar o facto de este assunto ainda estar pouco estudado. A bibliografia disponível não é rica em experiências deste tipo, o que torna este estudo bastante inovador.

O trabalho aqui apresentado pode ter uma importância relevante. Por exemplo, o caso de teste 2 (ver tabela 2), em que se comparou a visualização de um vídeo no *Youtube* num *browser* sem problemas e num *browser* com problemas, demonstrou a existência de uma diferença de 10973Ws. Imaginando que o problema pode afetar todos os mil milhões de utilizadores mensais[4], e se 1 hora de testes fosse suficiente para identificar o problema, então o potencial ganho da aplicação dos testes de *software* para benefício coletivo seria muito grande: 16 057 157%. Aplicando a fórmula "custo de teste versus custo da energia" resulta que: 25 € < 401 428 916,7 €

Assim, cada projeto de *software* deve ser analisado caso a caso e em particular as dimensões que as principais três variáveis "voláteis" podem assumir: 1) custo dos testes, 2) % de poupanças no consumo, e 3) número de utilizações previsto.

---

[4]Fonte: https://www.youtube.com/yt/press/statistics.html

Bibliografia

1. Blatt, Michael (2008), "Green Computing and Performance Testing: A New Paradigm?", SQS Performance Testing Competency Centre, London, United Kingdom [Consultado em Outubro 2013]. Disponível em URL: http://www.sqs.com/en/se/Download/SQS_RI_Green_Computing.pdf

2. Brennan, John (2008), "Red Hot Testing in a Green World", AppLabs, The Hague, Netherlands, [Consultado a 27 Junho 2014]. Disponível em URL:http://www.slideshare.net/jsb1976/AppUK-Red-Hot-Testing-in-a-Green-World-V106-Animation

3. Dick, Markus; Naumann, Stefan; Kuhn, Nobert (2010) "A Model and Selected Instances of Green and Sustainable Software", Trier University of Applied Sciences Environmental Campus Birkenfeld – Institute for Software Systems, Germany.

4. GreenSoft – Green Software Engineering (2014) "Project – Green Software Engineering" [Consultado a 28 Junho 2014]. Trier University of Applied Sciences Environmental Campus Birkenfeld – Institute for Software Systems, Germany, Disponível em URL: http://www.green-software-engineering.de/en/project.html

5. ISO/IEC 14756: (1999), "Measurement and Rating of Performance of Computer-based Software Systems".

6. Kansal, Aman; Goraczko, Michel; Liu, Jie; Zhao, Feng (2010) "Joulemeter: Computational Energy Measurement and Optimization", Microsoft Research, Redmond, United States [Consultado a 1 Julho 2014]. Disponível em URL: http://research.microsoft.com/en-us/projects/joulemeter

7. Mämmelä, Olli, Majanen, Mikko, Basmadjian, Robert, De Meer, Hermann, Giesler, André, Homberg, Willi (2011) "Energy-aware job scheduler for high-performance computing" EnA-HPC Conference 2011, Hamburg, Germany, [Consultado a 30 Junho 2014]. Disponível em URL: http://www.ena-hpc.org/2011/talks/mammela-slides.pdf e URL: http://www.cs.ucc.ie/~gprovan/CS6404/2012/energy-aware-HPC-sim2011.pdf

8. Minartz, Timo, Kunkel, Julian, Ludwig, Thomas (2010) "Simulation of Power Consumption of Energy Efficient Cluster Hardware", EnA-HPC Conference 2010, Hamburg, Germany [Consultado a 29 Junho 2014]. Disponível em URL:http://www.ena-hpc.org/2010/talks/EnA-HPC2010-Minartz-Simulation_of_Power_Consumption_of_Energy_Efficient_Cluster_Hardware.pdf

Paulo José Estrela Vitoriano de Matos licenciou-se em 2007 pela Escola Superior de Tecnologia e Gestão de Portalegre em Gestão Empresarial e na atualidade é estudante do mestrado Cidadania Ambiental e Participação na Universidade Aberta. Profissionalmente, em 2008, escolheu seguir a carreira de Software Tester, tendo alcançado em 2014 o segundo lugar num concurso internacional de testers organizado pela Belgium Testing Days. Tem como interesses a Politica, o Ambiente e o Software Testing.

José Pedro Fernandes da Silva Coelho é Professor Auxiliar na Universidade Aberta desde 2004, no Departamento de Ciências e Tecnologia. Publicou 12 artigos em revistas internacionais e mais de 35 recursos de natureza variada, no repositório aberto. Nas suas atividades profissionais interagiu com 36 colaboradores em co-autorias de trabalhos científicos. Os seus principais interesses de investigação são na Investigação Operacional (Gestão de Projetos e Otimização Combinatória); Inteligência Artificial; e-Learning.

Cristina Maria Carapeto Pereira é Professora na Universidade Aberta desde 1993, no Departamento de Ciências e Tecnologia. É Professora Associada desde 2001. Autora de manuais de estudo universitário e diversos artigos em revistas internacionais tanto na área das Ciências do Ambiente como na área da Nutrição Humana / Saúde. As suas áreas científicas de docência e investigação abrangem as Ciências do Ambiente, Nutrição Humana, Saúde Ambiental e E-Learning.

(esta página par está propositadamente em branco)

Revista de Ciências da Computação, 2014, nº9

Stock Market Series Analysis Using Self-Organizing Maps

Diogo Matos [1], Nuno C. Marques [2], Margarida G. M. S. Cardoso[3]

[1] DI-FCT/UNL, diogomatos38@gmail.com
[2] NOVA Laboratory for Computer Science and Informatics, DI-FCT, Universidade Nova de Lisboa, Portugal, nmm@fct.unl.pt
[3] Business Research Unit – Department of Quantitative Methods for Management and Economics. ISCTE – University Institute of Lisbon, Lisbon, Portugal
margarida.cardoso@iscte.pt

Abstract

In this work a new clustering technique is implemented and tested. The proposed approach is based on the application of a SOM (self-organizing map) neural network and provides means to cluster U-MAT aggregated data. It relies on a flooding algorithm operating on the U-MAT and resorts to the Calinski and Harabask index to assess the depth of flooding, providing an adequate number of clusters. The method is tuned for the analysis of stock market series. Results obtained are promising although limited in scope.

keywords: financial markets, SOM, clustering, U-Matrix, flooding, neural networks.

Resumo

Neste trabalho é implementada e testada uma nova técnica de agrupamento. A abordagem proposta baseia-se na aplicação de uma rede neuronal SOM (mapa auto-organizado) e permite agrupar dados sobre a matriz de distancias (U-MAT). É utilizado um algoritmo de alagamento ("flooding") sobre a U-MAT e o índice de Calinski e Harabasz avalia a profundidade do alagamento determinando-se, assim, o número de grupos mais adequado. O método é desenhado especificamente para a análise de séries temporais da bolsa de valores. Os resultados obtidos são promissores, embora se registem ainda limitações.

palavras-chave: os mercados financeiros, SOM, agrupamento, U-Matrix, alagamento, redes neuronais.

1. Introduction

The SOM algorithm (Kohonen 1982) (acronym, Self-Organizing Map SOM) has the ability to organize multivariate data, thus reducing its dimensionality while maintaining the representation of relevant properties of the input vectors.

SOM model is used for decision support in Economics and Finance. For example, in Chen, Ribeiro, Vieira and Chen (2013), the SOM model is used to analyse the possibility of company bankruptcy by using financial fundamentals for tracking important trajectory patterns in the acquired SOM. In the first stage, the SOM algorithm is used to cluster the data and the second stage analyses trajectory patterns over the map.

In Sarlin and Peltonen (2013), the SOM algorithm is used to monitor the macro-financial vulnerabilities by locating a country in a financial stability cycle represented by the pre-crises, crises, post-crises and tranquil cycles. In Panosso (2013), SOM component planes are used to highlight the role of different technical indicators in a financial security. The study finds volume, mean volume and the price variation as the most relevant indicators used.

SOM results can be presented in a U-MAT (Ultsch 1993). The U-MAT allows the visualization of groups deriving from the SOM analysis. This representation can pave the way to clustering analysis. However, despite its intuitive and expressive advantages, the U-MAT is a subjective instrument of analysis. Usually, a second stage clustering method is applied to the U-MAT to obtain a clustering (objective) solution.

In this paper we propose a two-step approach: a flooding algorithm to allow the exploration of U-MAT results and the use of a clustering quality indicator to select an adequate clustering solution. The proposed approach is used for a detailed analysis of trends in the evolution of a set of financial assets provided over the S&P 500 Financial Index. Groups of days exhibiting a similar profile are constituted, based on the relative similarity of their price variation.

2. Related work

The Self-Organizing Map (SOM) (Kohonen 1982) is an unsupervised neural-network algorithm with topology preservation. The powerful visualization techniques for SOM models result from the useful and unique feature of SOM for detection of emergent complex cluster structures and non-linear relationships in the feature space (Ultsch 1993). Indeed, the SOM can be visualized as a sheet-like neural network array, whose neurons become specifically tuned to various input vectors (observations) in an orderly fashion. SOM and K-means both represent data in a similar way through prototypes of data, i.e., centroids in K-means and neuron weights in SOM, and their relation and different usages have already been studied. It is the topological ordering of these prototypes in large SOM networks that allows the application of exploratory visualization techniques, providing insight on learned data, i.e., clusters and non-linear correlations between features (Ultsch and Herrmann 2005).

There are some techniques for the interpretation of the map produced by SOM. A well-known technique - the U-MATrix - represents the distance of each neuron to their neighbours (Ultsch 1993). The U-MAT provides a simple way to visualize cluster boundaries on the map. This method is useful because the user can find clusters in the input data without having any *a priori* information about them. Although the U-MAT is a good tool for exploratory data analysis, objective measures of clustering in U-MAT are still needed. Some solutions for identifying clusters in a U-MAT may be used, namely two-stage clustering approaches (Chi and Yang 2008). The goal of a two-stage clustering method is to overcome the major problems of the conventional methods as the sensitivity to initial prototypes (proto-clusters) and the difficulty of determining an adequate number of clusters. The aim of the SOM at the first stage is to identify the number of clusters and corresponding topological relations; the second stage uses a partitioned clustering method for assigning each pattern to a final cluster. There are several classical post-processing methods. The most common is probably the classic K-Means algorithm (Hartigan and Wong 1979), which belongs to the class of non-hierarchical clustering methods, but many approaches are possible.

3. Proposed approach

In this work a method is developed to extract non-trivial patterns from financial series data.

The adopted architecture is illustrated in Figure 1 and can be defined as a three-stage system: the input layer, the main program and the output layer.

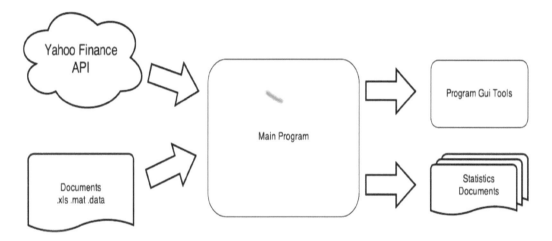

Figure 1 - Architecture adopted

The input layer uses the Yahoo Finance API (and may also use offline documents formatted by the program protocol). The main program layer defines the algorithms and calculus applied. Finally there is an output layer that integrates Program GUI Tools and Statistics files.

The work is developed on MATLAB with the integration of SOM Toolbox (Vesanto, Himberg, Alhoniemi and Parhankangas 1999).

The specific query in the Yahoo Finance System asks for the closing value of the stock, which is the last price value for each day, to include in the financial data series. The main program is then applied to the price matrix $P = [p_{ta}]$ ($t=1...T$; $a=1...A$) where each row p_{t+} represents a given day (t) and each column p_{+a} represents the closing prices of a financial asset (a).

Finally, the proposed approach for analysing the financial data series can be summarized in the following steps:

1. **Data processing**: *Pre-process the financial dataset in P and apply the SOM method.*

2. **Initial clusters**: *Find local minima in the SOM U-MAT*

3. **Flooding procedure and classification**: *Flood the U-MAT based on the local minima; classify the corresponding flooded neuron; classify the remaining neurons (with missing class labels)*

3.1. Data Processing
The data to consider refers to price series of financial assets (P) and requires normalization before the application of the SOM algorithm.

Previous studies report sensibility analysis on the best time length to consider when using moving averages for pre-processing financial products data – e.g. (Marques and Gomes 2010).

In this study, a specific normalization is adopted which takes into account a specific time length of interest (K): Max-Min normalization. The p_{ta}^n normalized price values are:

$$p_{ta}^n = \frac{p_{ta} - Min\{p_{t-1,a}, \ldots p_{t-K,a}\}}{Max\{p_{t-1,a}, \ldots p_{t-K,a}\} - Min\{p_{t-1,a}, \ldots p_{t-K,a}\}}$$

Equation 1

This normalization is quite meaningful for the present study as it gives a local perception of the variation of prices, the concept of "local" being defined by the time length K.

Empirical observation of many technical analysis measures, on different stock market prices, shows that when the chosen period is too short, variations of time series are confounded with trend change. Choosing too long a period makes the detection of trends more precise but less descriptive and also delayed when compared with a shorter period. So in order to be able to detect states/clusters with high and low variations in the price we should adopt an adequate time length (lag).

The SOM Toolbox (Vesanto, et al. 1999) is then applied to the normalised dataset – $P^n = [p_{ta}^n]$ - using default parameters for "mapsize=big" (e.g. map size $M \times N$ = 16 × 60 and we use the hexagonal neighbourhood view).

3.2. Initial Clusters
The clustering procedure, based on the U-MAT obtained, requires the determination of initial seeds. For this end, we successively identify the local minima of the U-MAT. We consider the unit neighborhood to define these minima:

1.   A U-MAT position (m, n') is selected iff $d(\underline{u}_m; \underline{u}_{n'})$ is lower than all the $d(\underline{u}_m; \underline{u}_n)$ such that $\underline{u}_m$ and $\underline{u}_n$ are neighbors in the SOM map (6 neighbors in the hexagonal configuration used).

2.   The selected (m, n') position defines a local minimum in the U-MAT; thus, the SOM neurons $\underline{u}_m$ and $\underline{u}_{n'}$ (that implicitly aggregate specific input vectors $\underline{p}_{t+}^n$) are automatically classified into a cluster.

Steps 1. and. 2. are repeated for all entries in the U-MAT until all local minima are identified. These minima provide the appropriate starting seeds for our clustering method, which starts precisely by aggregating the most similar micro-clusters (SOM neurons).

This way, using a large enough SOM map this procedure provides an upper bound (number of local minima) for the number of clusters to be discovered.

3.3. Flooding procedure and Classification

The distance matrix of self-organizing map may be seen as a topographic landscape. The previous set of clusters' seeds ("LocalMins") is the starting point for clustering the entire dataset. The proposed method for "flooding" the U-MAT is based on the algorithm of Bond (2011). This technique is used in the "bucket" fill tool of paint programs to fill connected areas - similarly coloured areas filled with a different colour. This serves as an inspiration for our approach that starts flooding from the "LocalMins" or initial clusters. The following functions are used to get the final set of clusters ("FinalClusters"):

```
function [ FinalClusters ] = flood( LocalMins, Adjustment )
     AllClusters = LocalMins
     FinalClusters = []
     Depth = Adjustment* mean(U-MAT)
     for Cluster in AllClusters
          Cluster = floodACluster(Cluster, Depth)
          addCluster(FinalClusters, Cluster)
     endfor
end
```

The determination of the number of groups is done with the support of the Calinski and Harabasz measure (Caliński and Harabasz 1974).

The "Adjustment" parameter usually ranges from 0.1 to 2.0 (with step 0.1) and is used for tuning the flooding parameter ("Depth"). In Matos, Marques and Cardoso (2014) we present a sensitivity analysis of the SOM results to this parameter (for Wine and Iris data sets on the UCI Machine Learning Repository).

The "floodACluster" function appears as an auxiliary function for the flood algorithm. This function verifies each position of the cluster and flood to the boundary established, which is represented by the value Depth. The function "getNeighbours()" represents the six neighbour positions in the U-Matrix, that result from the hexagonal setting in SOM.

```
function [Cluster] = floodACluster(Cluster, Value)
      NewCluster = []
      for X in Cluster
            Neigh = getNeighbours(X)
            for Possib in Neigh
                  if(Possib < Value) add(NewCluster, Possib)
            endfor
      endfor
      add(Cluster, NewCluster)
end
```

The program stopping criterion refers to the inability of this function to add more clusters to the solution.

After running the flooding algorithm, some neurons may remain with missing class labels. Therefore, a classification procedure is implemented that uses the nearest neighbour-neuron of the already classified neurons to provide the missing label.

4. Financial data series analysis

4.1. Data selection and pre-processing
In order to test the proposed clustering procedure data was collected from the Yahoo Finance web site that refers to the Standard & Poor's 500 (S&P 500). The S&P 500 is considered one of the leading indicators of US business cycles. It is a free-float capitalization-weighted index, with components selected by a committee using several company indicators, namely liquidity-based size requirements.

The period under study starts in 2004 and ends in 2014. This period encompasses the most recent economic crisis, which started in 2007 and started to ameliorate in 2009. First we adopt a (simplified) trend definition;

$$trend(x_t) = \begin{cases} 1 & x_t - x_{t-1} > 0 \\ 0 & x_t - x_{t-1} = 0 \\ -1 & x_t - x_{t-1} < 0 \end{cases}$$

Equation 2

Data selection is then performed based on an empirical concept of association between two series that originates from domain knowledge and is measured as follows:

1) The sum of scores φ summarizes agreement between two series' trends (where t_0 and T stand for the first and last day of the series at hand):

$$\varphi = \sum_{t=t_0}^{T} score(x_t, y_t)$$

Equation 3

where

$$score(x, y) = \begin{cases} 1, & trend(x) = trend(y) \\ 0, & trend(x) \neq trend(y) \end{cases}$$

Equation 4

2)   The sum of scores ψ summarizes disagreement between two series trend:

$$\psi = \sum_{t=t_0}^{T} [1 - score(x_t, y_t)]$$

Equation 5

We use a dataset with 11 series (referring to 11 companies) for evaluating the usefulness of the proposed approach. It is built around the Simon Property Group Inc., which was found to be the most closely "correlated" (see Equation 3 and Equation 4) with the remaining series listed in the S&P 500. Ten more companies are then selected that presented the largest correlations with Simon Property Group Inc.: Macerich, Boston Properties, Public Storage, AvalonBay Communities, Inc., Prologis, Equity Residential, Apartment Investment & Mgmt, Ventas Inc., HCP Inc. In general, these companies are in the financial sector of real estate investment industry. These series' chronograms, during the period under study, are depicted in Figure 2. Since the selected companies all survived the economic crises of 2007, the selected series data may provide an illustration of the algorithms' ability to discover this *a priori* known crisis period and related patterns of price variation in the real estate investment sector. In particular, it will be worth discovering any pre-crises or post-crises patterns.

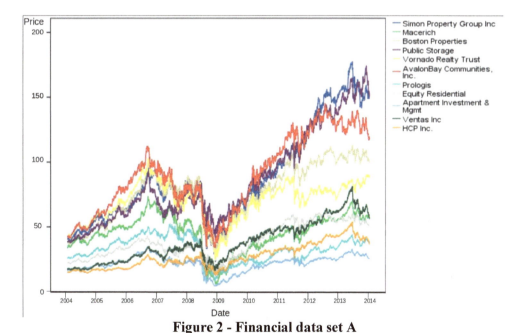

Figure 2 - Financial data set A

The time series values are first transformed according to the proposed method: the ratios between the price value (closing price) and the range of values corresponding to the previous 40 days are considered - Equation 1. SOM analysis is performed on these ratios and the corresponding U-MAT is obtained - Figure 3. In these figures - component planes - the red colors represent larger distances between neurons while blue colors represent lower distances.

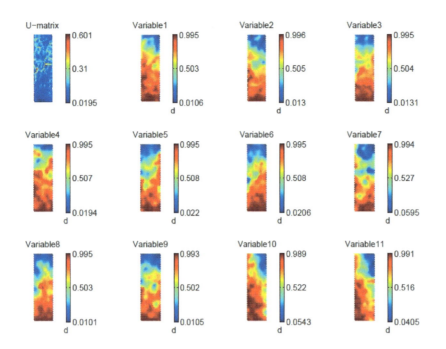

Figure 3 - U-MAT and component planes for Financial Data set A

An alternative data set is built around the most "inversely-correlated" (see Equation 3 and Equation 5) company with the S&P 500 data set - Dell Inc. The other companies selected ("inversely-correlated" with Dell Inc.) are: Mylan Inc., Brown-Forman Corporation, Lilly (Eli) & Co., United Health Group Inc., Jabil Circuit, People's United Bank, Gilead Sciences, SCANA Corp, The Hershey Company, Nucor Corp. Companies in this data set are very diverse. The series show a wide diversity of patterns in Figure 4.

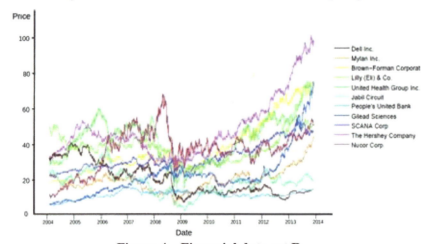

Figure 4 – Financial data set B

4.2. Clustering the U-MAT data

As previously mentioned, we adopt a flooding procedure ("floodACluster") in order to aggregate the micro-clusters identified in the U-MAT. In each analysis, the flooding parameter – depth of flooding - is empirically determined based on the clustering comparisons provided by the Calinski -Harabasz index.

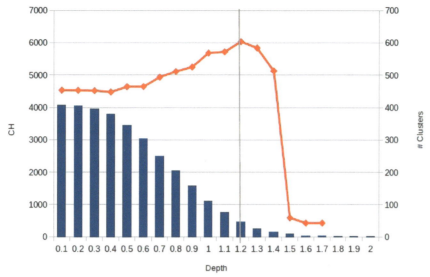

Figure 5 - Depth vs. CH for data set A

For the data set A, the selected clusters-states correspond to depth 1.2 (see x-axis in Figure 5) and 75 clusters (see right y-axis in Figure 5) which is the solution providing the best (maximum) Calinski and Harabasz (CH) index value (see left y-axis in Figure 5). In this solution, cluster number 33 is the modal cluster (color green in Figure 6 – right): it is apparent during a long time period which corresponds to positive variation of the stock market value. During the crisis period the importance of the cluster 39 (red coloured) and cluster 34 (blue coloured) is notable.

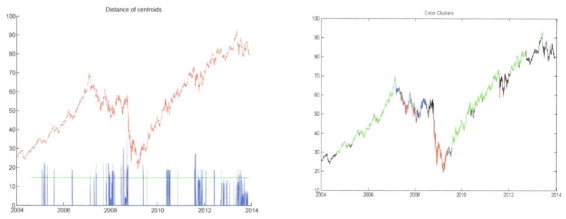

Figure 6 - Distance between clusters (left) and clusters colored (right)

In Figure 6 (left) the blue bars mark transitions between clusters and their heights illustrate distances between clusters. The horizontal green line shows the average distance between clusters. Between the year of 2008 and 2009 (the crises period) the distance between the clusters obtained assumes very unusual values, reflecting the clusters-states instability.

Revista de Ciências da Computação, 2014, nº9

For data set B, the multiplicity and diversity of clusters is apparent, undermining the utility of this solution. Although there are some clusters with almost 100 days, there are many more with very few days.

5. Discussion and perspectives

A clustering procedure is proposed to group time units of financial series that show similar variation patterns. The clustering departs from the results of a SOM neural network that learns from the normalized prices of several S&P 500 series. Initial clusters are constituted based on the U-MAT local minima. Then, micro-groups summarized in U-MAT are used in a flooding procedure to enable the automatic grouping of the time series' days showing similar variations.

The Calinski and Harabasz index is used to assess the quality of alternative clustering solutions derived from diverse flooding depths.

According to the results obtained, the groups of days with similar price variation provide interesting insights regarding the behaviour S&P500 series before and after the financial crises. For data set A three distinct patterns emerge, corresponding to the main market trends: upward market, downward market and unstable market (clusters associated with the green, red and blue lines, respectively, in Figure 6). The unstable patterns reveal representative moments in changing trends when decisions to invest or recover from an investment may be placed. For data set B too many clusters are obtained, which is consistent with the series' diversity but provides no meaningful solution.

In the future, new applications with real data, as well as with synthetic data, should further illustrate the performance of the proposed clustering technique. Also in the future, new clustering quality indexes, besides the Calinski and Harabask index, can be used to support the automatic clustering of SOM results – e. g. see (Cardoso and Carvalho 2009).

The proposed approach relies on full data sets referring to specific periods. An alternative method – a streaming SOM (Silva and Marques to appear) can be used for online pattern detection (e.g. at the end of a trading day it can be used to give investment advice for the next trading day). In the future, the combination of this approach with the methodology proposed in this study may provide new tools for the analysis of financial series. Future research may also focus on the identification of rare events (e.g. events that may constitute a hazardous situation for the investor).

References

Bond, C. (2011), "An Efficient and Versatile Flood Fill Algorithm for Raster Scan Displays."

Caliński, T., and Harabasz, J. (1974), "A Dendrite Method for Cluster Analysis," Communications in Statistics-theory and Methods, 3, 1-27.

Cardoso, M. G. M. S., and Carvalho, A. P. d. L. F. (2009), "Quality Indices for (Practical) Clustering Evaluation.," Intelligent Data Analysis, 13, 725-740.

Chen, N., Ribeiro, B., Vieira, A., and Chen, A. (2013), "Clustering and Visualization of Bankruptcy Trajectory Using Self-Organizing Map," Expert Systems with Applications, 40, 385-393.

Chi, S.-c., and Yang, C. C. (2008), "A Two-Stage Clustering Method Combining Ant Colony Som and K-Means," J. Inf. Sci. Eng., 24, 1445-1460.

Hartigan, J. A., and Wong, M. A. (1979), "Algorithm as 136: A K-Means Clustering Algorithm," Applied statistics, 100-108.

Kohonen, T. (1982), "Self-Organized Formation of Topologically Correct Feature Maps," Biological cybernetics, 43, 59-69.

Marques, N. C., and Gomes, C. (2010), "Implementing an Intelligent Moving Average with a Neural Network," in ECAI, pp. 1129-1130.

Matos, D., Marques, N., and Cardoso, M. G. M. S. (2014), "Agrupamento De Dados De Uma Umat – Uma Aplicação Sobre Dados Financeiros," JOCLAD 2014 - XXI Jornadas de Classificação e Análise de Dados.

Panosso, G. C. (2013), "Análise Do Mercado Financeiro Baseada Em Análise Técnica Com Self-Organizing Maps."

Sarlin, P., and Peltonen, T. A. (2013), "Mapping the State of Financial Stability," Journal of International Financial Markets, Institutions and Money, 26, 46-76.

Silva, B., and Marques, N. C. (to appear), "Ubiquitous Self-Organizing Map: Learning Concept-Drifting Data Streams," WorldCIST 2015 - 3rd World Conference on Information Systems and Technologies.

Ultsch, A. (1993), "Self-Organizing Neural Networks for Visualisation and Classification," in Information and Classification, Springer, pp. 307-313.

Ultsch, A., and Herrmann, L. (2005), "The Architecture of Emergent Self-Organizing Maps to Reduce Projection Errors," in ESANN, Citeseer, pp. 1-6.

Vesanto, J., Himberg, J., Alhoniemi, E., and Parhankangas, J. (1999), "Self-Organizing Map in Matlab: The Som Toolbox," in Proceedings of the Matlab DSP conference, pp. 16-17.

 **Diogo Pires de Matos** concluiu o Mestrado Integrado em Engenharia Informática na FCT/UNL em Novembro de 2014. O seu trabalho de mestrado foi pioneiro ao aplicar modelos de inundação a matrizes de distâncias entre unidades num mapa auto-organizado. Diogo Matos colaborou em várias projetos de investigação com ligação Universidade-Empresa. Trabalha na Deloitte Portugal desde Novembro de 2014.

 **Nuno C. Marques** é Professor Auxiliar na FCT/UNL desde Março de 2001. Obteve o seu doutoramento em Informática pela Universidade Nova de Lisboa em Janeiro de 2000. O trabalho de doutoramento foi pioneiro na aquisição de conhecimento utilizando grandes volumes de texto em Português. Ensina na FCT/UNL desde Outubro de 2001. Nos últimos anos Nuno C. Marques tem desenvolvido o seu trabalho na Aplicação de Mapas Auto-organizados e outras Redes Neuronais Artificiais a problemas reais, nomeadamente para extração de conhecimento em fontes contínuas de dados financeiros e de texto.

 **Margarida G. M. S. Cardoso** é Professora Associada (com Agregação) na Escola de Gestão do ISCTE - Instituto Universitário de Lisboa, Portugal. É licenciada em Matemática (FC -Universidade de Lisboa), Mestre em Investigação Operacional e Engenharia de Sistemas e Doutorada em Engenharia de Sistemas (IST - Universidade de Lisboa). A sua investigação decorre no domínio da Análise de Dados, usando metodologias da Estatística Multivariada e da Aprendizagem Automática - técnicas de Agrupamento e Classificação, em particular. A pesquisa em Marketing destaca-se como uma área de aplicação.

O Elearning e a Computação em Nuvem nas Organizações Empresariais

Cristina Paula Prata Leal [1], Vitor Rocio [2]

[1] Estudante Universidade Aberta/Instituto Superior Técnico
e-mail: cpleal@sonae.pt
[2] Universidade Aberta
e-mail: vjr@uab.pt

Resumo

O elearning corresponde a um modelo de ensino não presencial suportado pela tecnologia. Os sistemas de elearning exigem muitos recursos de hardware e software. Normalmente as organizações necessitam de investimentos avultados para obter esses recursos. A *cloud computing* (computação em nuvem) é uma boa solução, uma vez que oferece os recursos de computação necessários (hardware e software) como um serviço. Este trabalho concentra-se principalmente sobre as vantagens, a nível das organizações empresariais, da tecnologia de *cloud computing* num sistema de elearning.

palavras-chave: *elearning, cloud computing*

Abstract

Elearning corresponds to a non-classroom teaching model supported by technology. Elearning systems require many hardware and software resources. Typically organizations need large investments for these features. Cloud computing is a good solution, as it offers the necessary computing resources (hardware and software) as a service. This paper mainly focuses up on the benefits, the level of business organizations, the cloud computing technology in elearning system.

keywords: elearning, cloud computing

1. Introdução

O conceito de *electronic learning* – elearning - está diretamente associado à formação e ensino online e à relação existente entre duas áreas científicas aparentemente distintas, a tecnologia e a pedagogia. Embora existam muitas definições de elearning, um facto que dificulta a sua definição genérica [14], é possível caracterizá-lo como sendo uma modalidade de ensino à distância que possibilita a autoaprendizagem e que utiliza, como suporte de comunicação, as novas Tecnologias de Informação e de Comunicação (TIC) – com especial atenção para as que têm por base as redes de telecomunicações e de computadores.

Devido à necessidade emergente das organizações, no investimento e valorização do seu capital intelectual, o elearning é considerado cada vez mais como um instrumento fundamental para a distribuição de conteúdos formativos e uma forma rápida e eficaz de formar colaboradores.

No entanto, a infraestrutura necessária para suportar um sistema de elearning afeta significativamente as organizações. Os investimentos necessários em hardware/software podem ser considerados demasiado avultados, principalmente para pequenas e médias organizações.

A procura de recursos formativos variam usualmente de forma dinâmica e muito rapidamente, apresentando elevados picos de atividade. Para atender às solicitações durante este períodos de tempo, sem o ressentimento do sistema, é necessário preparar uma infraestrutura muito superior do que a necessária para o seu funcionamento normal. Uma alternativa seria a de prestar esses serviços de acordo com a procura e pagando apenas os recursos realmente utilizados. A resposta a estas necessidades é o ambiente de *cloud computing*.

Cloud computing é um paradigma de computação em que os recursos de um sistema de TI (tecnologia de informação) são oferecidos como serviços, disponíveis para os utilizadores através de conexões de rede, frequentemente a internet. É um modelo de prestação de serviços de TI oferecidos através de um catálogo que atende às necessidades do utilizador de forma flexível e adaptável, pago apenas pelo uso real que é feito.

Portanto, duas das caraterísticas distintivas deste paradigma são, por um lado, o uso de recursos sob pedido e, por outro lado, a escalabilidade transparente, de tal maneira que os recursos computacionais são atribuídos de um modo dinâmico e preciso, quando são estritamente necessários, sem a necessidade de uma compreensão detalhada da infraestrutura do ponto de vista do utilizador.

Com estas caraterísticas, as plataformas da *cloud* surgem como alternativas relativamente à aquisição e manutenção de centros de informática.

2. Elearning nas organizações empresariais

Os recentes avanços da tecnologia favoreceram a que o elearning assumisse cada vez mais um papel fundamental na aprendizagem organizacional. Estudos realizados provam que o elearning tem impactos positivos no negócio e melhora a performance das organizações [17].

Nas organizações, o elearning tem como principais vantagens relativamente aos processos de ensino tradicionais [14]:

– Redução de custos, devido à redução de gastos em tempo, transporte, estadias e alimentação, principalmente para as organizações que já utilizam tecnologias de informação e comunicação nos seus processos de negócio;

- Maior troca/intercâmbio de conhecimento. As ferramentas utilizadas em elearning proporcionam a troca de informação e de experiências entre os colaboradores. Essa troca pode ser efetuada através de fóruns de discussão, wikis, mensagens de correio eletrónico, comunidades virtuais, etc, permitindo gerar maior conhecimento;
- Gestão da formação e das competências. Com programas de formação à distância, as organizações podem realizar facilmente o tratamento de dados relativamente ao desempenho dos seus colaboradores. Estes dados vão ser importantes para a definição de novas iniciativas formativas, dado que são detetadas as lacunas de formação de cada indivíduo;
- Reciclagem dos conteúdos da formação. A formação à distância permite que o mesmo curso possa ser dirigido a diferentes tipos de colaboradores e a diferentes momentos de formação. Esses mesmos conteúdos também podem ser reavaliados e atualizados com relativa facilidade;
- Os programas de elearning podem ser desenhados com o objetivo de ser um aliado na conquista e manutenção de clientes ou montados com o propósito de formar e informar não apenas colaboradores, mas também distribuidores, clientes e fornecedores.

No entanto, no ambiente atual, cada vez mais competitivo, existem importantes desafios para as organizações que os sistemas de elearning devem acompanhar:

- **Escalabilidade:** Refere-se à capacidade dos sistemas de elearning em se adaptarem à crescente procura por atingirem simultaneamente mais colaboradores com o mínimo de esforço e custo;
- **Agilidade de aprendizagem:** Representa como os sistemas de elearning podem facilitar a capacidade de uma organização em responder à mudança, através da preparação dos seus colaboradores com os necessários conhecimentos e competências;
- **Cultura de aprendizagem organizacional:** Significa a habilidade dos sistemas de elearning em apoiar e reforçar uma aprendizagem contínua – como um processo e não como um evento.

A *cloud computing* tem o potencial para ser explorado como uma plataforma para sistemas de elearning, escalável e flexível, reduzindo significativamente o custo global de investimento e manutenção.

3. Cloud Computing

A denominação *cloud computing* refere-se à utilização de recursos computacionais advindos de servidores compartilhados e interligados por meio da internet. O armazenamento e processamento de dados é feito em serviços virtuais, que podem ser acedidos em qualquer lugar do mundo, a qualquer hora, sem necessidade de instalação de nenhum programa específico.

Com a *cloud computing*, muitas aplicações, assim como arquivos e dados relacionados, deixam de precisar de estar instalados ou armazenados no computador do utilizador ou num servidor próximo. O conteúdo passa a estar disponível "na nuvem", isto é, na internet.

As tarefas de desenvolvimento, armazenamento, manutenção, atualização, *backup*, etc. ficam a cargo do fornecedor do serviço e o utilizador não precisa de se preocupar com nenhum destes aspetos, apenas com aceder e utilizar.

Existem diferentes tipos de *cloud*, ou seja, várias tecnologias que permitem o acesso dos dados através da web:

- **Nuvem Pública (*Public Cloud*)**: Os recursos são fornecidos dinamicamente pela Internet, através de aplicações e serviços a partir de um prestador de serviços e geridos por uma entidade externa;
- **Nuvem Privada (*Private Cloud*)**: Um serviço de "private cloud" poderá ser apenas acedido pelos colaboradores de uma organização e geralmente são detidos e geridos por esta. É a opção indicada para as empresas que necessitam de reter os dados nas suas instalações. Nestas clouds as empresas têm que adquirir, construir e gerir a informação mantendo o modelo de CAPEX (*capital expenditure*, ou investimento em bens de capital);
- **Nuvem Híbrida (*Hybrid Cloud*)**: Conjunção de nuvens públicas e privadas. A empresa é proprietária duma parte da infra-estrutura (CAPEX), sendo os outros recursos utilizados sobre a forma de serviços (OPEX – *operational expenditure*, custos de operação), cuja infraestrutura de suporte é partilhada de uma forma completamente controlada pela empresa;
- **Nuvem Comunitária (*Community Cloud*)**: Utilizada quando várias organizações apresentam exigências semelhantes e decidem partilhar parte das suas infraestruturas e/ou serviços.

A *cloud computing* oferece fundamentalmente o seguinte tipo de serviços:

- ***Software as Service* (SaaS) - Software como Serviço:** É a forma mais utilizada de *cloud computing* [10]. Trata-se de uma forma de trabalho onde o software é oferecido como serviço, assim, o utilizador não precisa de adquirir licenças de uso para a instalação ou mesmo comprar computadores ou servidores para executá-lo. Muitas vezes, o preço da licença ou mesmo o investimento em equipamentos pode gerar um custo alto, não compatível com a condição financeira da empresa. Neste modelo de negócio, a empresa paga apenas pela utilização da aplicação, deixando os custos de infraestrutura por conta do prestador de serviços;
- ***Platform as a Service* (PaaS) – Plataforma como Serviço:** É um tipo de solução mais amplo para determinadas aplicações, incluindo todos (ou quase todos) os recursos necessários à operação, como armazenamento, base de dados, escalabilidade (aumento automático da capacidade de armazenamento ou processamento), suporte às linguagens de programação, segurança, entre outros;
- ***Infrastructure as a Service* (IaaS) – Infraestrutura como Serviço:** Parecido com o conceito de PaaS, mas o foco é a estrutura de hardware ou de máquinas virtuais, com o utilizador tendo acesso inclusive a recursos do sistema operacional.

Existem outros tipos de serviços, fundamentalmente utilizados por alguns prestadores de serviços para diferenciar os seus produtos. São exemplo [10]:

- **_Database as a Service_ (DaaS) – Base de Dados como Serviço:** Direcionado ao fornecimento de serviços para armazenamento e acesso de volumes de dados, com a vantagem que o detentor da aplicação conta com mais flexibilidade para expandir a base de dados, compartilhar informações com outros sistemas, facilitar o acesso remoto por utilizadores autorizados, entre outros;
- **_Testing as a Service_ (TaaS) – Ensaio como Serviço:** Oferece um ambiente apropriado para que o utilizador possa testar aplicações e sistemas de maneira remota, simulando o comportamento destes em nível de execução.

Algumas das principais vantagens da tecnologia _cloud_ são indicados abaixo:

- Elasticidade/Escabilidade: Permite diminuir ou aumentar os recursos utilizados de forma imediata consoante as necessidades temporais dos clientes;
- _Pay-per-use_: As organizações só pagam pelos recursos que utilizam pelo período de tempo em que são utilizados;
- Minimiza os custos de CAPEX (equipamento hardware) da empresa, e permite o controlo de custos de OPEX (despesas de operação);
- Em comparação com outros sistemas, a instalação é simples e feita remotamente. Não é necessário hardware ou software adicional;
- _Self-service_: Permite que os clientes utilizem os serviços de forma autónoma sem intervenção do prestador dos mesmos;
- Os sistemas informáticos são "deslocados" para _data centers_, permitindo às organizações concentrarem-se somente no seu _core business_ e deixar as componentes de TI entregues ao seu prestador de serviços;
- Não necessita de adequação do sistema operativo e hardware para utilizar uma aplicação que esteja "na nuvem";
- As atualizações de software são feitas de forma automática, sem a necessidade da intervenção do utilizador;
- Permite a partilha de informações e arquivos, que se encontram no mesmo lugar, sem fazer com que os utilizadores tenham de trabalhar em diferentes versões;
- O acesso aos dados armazenados pode ser feito em qualquer lugar, bastando acesso à internet e evitando os riscos de perda de informações armazenadas localmente, favorecendo de forma exponencial a mobilidade.

Nos últimos anos, a computação em nuvem tem conhecido um crescimento substancial na indústria de TI [7]. Têm também crescido as preocupações relativamente à segurança deste ambiente, assim como questões relativas à confidencialidade, integridade e disponibilidade dos dados [14].

A contratação de um serviço de _cloud computing_ exige, por parte das organizações, algumas considerações e aspetos a ter em conta, tais como:

- **Segurança:** Uns argumentam que os dados estão mais seguros quando geridos internamente, enquanto outros argumentam que os prestadores de serviços de _cloud_ têm forte incentivo para manter a confiança dos seus clientes e, como tal, empregam um maior nível de segurança [7]. Se os prestadores de serviços apresentarem fraca capacidade de deteção de fraudes, podem abrir caminho para o cibercrime e acesso indevido a informações pessoais, materiais didáticos, avaliações, etc. Falhas operacionais, armazenamento não confiável de dados ou uso inconsistente de chaves de criptografia pode levar a uma perda de dados, tais como a destruição de informações sensíveis. A qualidade de serviço é crucial e a necessidade de *backups* é fundamental quando se fala sobre a segurança dos dados.

– **Privacidade:** A computação em nuvem utiliza a tecnologia de computação virtual, os dados pessoais dos utilizadores podem ser espalhados em vários centros de dados virtuais, em vez de ficarem no mesmo local físico, mesmo para além das fronteiras nacionais. A proteção da privacidade de dados pode enfrentar divergências de diferentes sistemas jurídicos.

– **Confiabilidade**: A falta de conexão à internet impede a utilização da nuvem. Existe a possibilidade de diminuição da velocidade de processamento, uma vez que o processamento e tráfego de dados ocorrerá pela internet.

– **Viabilidade a longo prazo:** Por motivos de cessação de serviços, é necessário perceber como garantir a obtenção dos dados de volta e como os importar para um aplicativo de substituição. Numa perspetiva de longo prazo, a subscrição da tecnologia de *cloud computing* pode ser mais cara do que adquirir o hardware/software.

As características da *cloud computing* podem ser melhor percebidas quando comparadas com as soluções tradicionais, conforme apresentado na Figura 1.

	Computação Tradicional	*Cloud Computing*
Aquisição	Compra ativo	Compra serviço
Despesas Capital	Custo Fixo. Pagamento antecipado	Custo variável. Pagamento por uso
Virtualização	Raramente	Usual
Modelo Técnico	Utilizador único. Não compartilhado	Multiutilizador. Partilhado
Acesso	Interno. Normalmente por *desktops*	Pela Internet. Qualquer dispositivo
Implementação	Lenta	Rápida
Acesso Remoto	Dificultado	Fácil. Em qualquer momento, em qualquer lugar
Custos de Melhoria	*Fee* adicional	Incluído
Eficiência Energética	Ineficiente	Eficiente

Figura 1 - Análise comparativa. Adaptado de [3].

4. Estrutura do elearning baseado na *cloud*

Elearning na nuvem pode ser visto como educação *software-as-a-service*. A sua implementação pode ser realizada muito rapidamente, uma vez que as exigências de hardware dos utilizadores são muito baixas.

As organizações podem usar o beneficio da *cloud computing* para disponibilizar sistemas de elearning através da utilização de:

- **Infraestrutura**: Utilizando uma solução de elearning na infraestrutura do prestador de serviços;
- **Plataforma:** Utilizando e desenvolvendo uma solução de elearning baseada na interface de desenvolvimento e serviços do prestador de serviços;
- **Serviços:** Utilizando a solução de elearning disponibilizada pelo prestador de serviços.

O elearning baseado na *cloud* perspetiva-se como solução de futuro para a tecnologia de elearning, possuindo todos os recursos de hardware e software para melhorar a infraestrutura do elearning tradicional. Uma possível arquitetura de elearning na *cloud* é apresentada a seguir [7][3][16][19].:

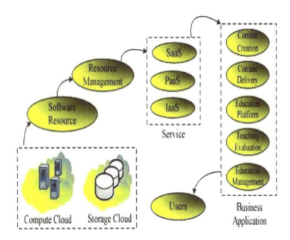

Figura 2 - Arquitetura de um sistema de e-learning na cloud [7]

É principalmente dividida em cinco camadas [3]:

- **Camada de Infraestrutura** localizada no nível mais baixo do *middleware* é composta por recursos dinâmicos e escaláveis como a memória física e CPU;
- **Camada de Recursos de Sofware** consiste essencialmente no sistema operativo e *middleware* e fornece interface para o desenvolvimento de software a ser disponibilizado aos utilizadores finais;
- **Camada de Gestão de Recursos** é usada para atingir a ligação de recursos de hardware e de software, de modo a fornecer um serviço sob pedido;
- **Camada de Serviços** tem níveis de serviço, nomeadamente a IaaS, PaaS e SaaS que ajudam os utilizadores a utilizar os vários serviços da nuvem;

- **Camada de Aplicação** inclui aplicações específicas para integrar os recursos de ensino com o modelo de computação em nuvem.

5. Vantagens do elearning baseado na *cloud*

Como vimos, e relativamente ao tradicional elearning, o elearning baseado na *cloud* apresenta enormes vantagens, como sejam a escalabilidade, disponibilidade e viabilidade [19].

A *cloud* é uma tecnologia atrativa devido à sua escalabilidade e ao uso efetivo de recursos. Ela pode ser utilizada em circunstâncias onde a disponibilidade de recursos é limitada. A *cloud* fornece uma gestão inteligente dos recursos de acordo com as exigências do utilizador. Os padrões de uso são identificados e a otimização dos recursos é feita através da previsão do seu uso [16]. Os sistemas de elearning tradicionais não são dinamicamente escaláveis e a integração com outros sistemas de elearning pressupõe custos bastante elevados.

No tradicional elearning baseado na Web, a construção e manutenção dos sistemas estão localizados dentro do interior das organizações o que levanta alguns problemas, tais como investimentos avultados sem ganhos de capital, levando a uma potencial falta de desenvolvimento [20].

Em contraste, o modelo de elearning baseado na *cloud* apresenta um mecanismo de eficiência de escala, ou seja, a construção do sistema de elearning é confiada aos prestadores de serviços da *cloud*, provocando um situação de *win-win* entre os prestadores de serviços e as organizações que os contratam.

A separação de funções e a relação custo-eficácia podem ser consideradas vantagens importantes. Num sistema de elearning baseado na *cloud*, as organizações são responsáveis pelo processo de formação, gestão de conteúdo e entrega. O prestador do serviço encarrega-se da construção do sistema, manutenção, gestão e desenvolvimento. O sistema de elearning pode ser escalado, tanto horizontal quanto verticalmente, e a organização é apenas cobrada de acordo com a utilização.

De acordo com [9], o elearning na *cloud* oferece algumas soluções para superar algumas dificuldades inerentes ao elearning tradicional:

- **A falta de uma infraestrutura adequada**: Muitas organizações não têm uma infraestrutura adequada para a adoção de uma plataforma de elearning. Uma estrutura moderna e escalável necessita de grandes recursos como largura de banda e armazenamento. A tecnologia *cloud computing* permite superar estes aspetos com uma infraestrutura em nuvem, reduzindo o custo e o tempo necessários para a criação de uma infraestrutura própria [9];
- **Falta de currículo:** A falta de conteúdo pronto para ser importado para o sistema é um desafio comum. A computação em nuvem facilita a sua prontidão através da redução de custos de operação que permite à organização redirecionar este valor para o desenvolvimento de mais conteúdo ou adquiri-lo externamente [8];

- **Falta de manutenção e suporte técnico**: Depois do sistema implementado, muitas organizações não possuem competências para apoiar a sua própria estrutura e de responder a questões como falhas de rede ou ameaças de segurança. A *cloud computing* reduz esta necessidade fornecendo este serviço [1];
- **Gestão da mudança**: A mudança afeta todas as partes interessadas de uma organização. O sistema de *cloud computing* permite uma implementação mais rápida dos sistemas de elearning e o seu valor percebido é mais rapidamente identificável. Como é facilmente acedido permite maior capacidade de teste por parte dos colaboradores provocando uma redução na resistência à mudança [8].

6. Aplicações de elearning na *cloud*

Como destacamos ao longo deste trabalho, o *cloud computing* pode promover uma nova era de aprendizagem tendo a vantagem de possibilitar a integração das aplicações de elearning em nuvem.

Segundo [2], a combinação de tecnologias de nuvem e o elearning têm sido pouco exploradas. Segundo este autor, os esforços mais relevantes para usar tecnologias de nuvem IaaS na educação têm-se centrado principalmente na reserva de máquinas virtuais para os formandos por um determinado período de tempo.

As atividades de elearning são tipicamente realizadas em sistemas de gestão de aprendizagem (LMS), aplicações web de relativa complexidade a que formadores e formandos acedem para disponibilizar/consultar conteúdos, construir/realizar atividades de aprendizagem, comunicar e partilhar conhecimento. Os LMS incluem um conjunto de ferramentas que possibilitam todas estas atividades, como fóruns, testes (quizzes), gestão de conteúdos, wikis, etc., bem como toda a componente de gestão dos cursos e dos utilizadores.

É de notar que foram identificados por [5] e [6], 37 aplicações de elearning especialmente vocacionadas para a *cloud*, sendo 17 delas de *open source*, o que demonstra claramente o interesse do mercado neste tipo de soluções.

Recentemente, a expansão dos MOOC (*massive open online courses*) potenciou a disponibilização de plataformas que permitem a criação deste tipo de cursos, num modelo de "software as a service" (SaaS), como o Coursera, EdX ou Udacity. No caso do EdX, o software foi mesmo disponibilizado em *open source*, permitindo a sua instalação em servidores próprios (por exemplo, https://www.pok.polimi.it/).

A flexibilidade de um ambiente em *cloud* adequa-se especialmente às plataformas de MOOCs, onde se esperam grandes quantidades de acessos, variando o número consoante os *timings* dos cursos, e da atratividade dos mesmos. A Universidade Aberta (UAb), a universidade portuguesa pública de ensino a distância, criou em 2013 o modelo iMOOC e uma arquitetura de plataformas *open source* que o suportam [18], tendo aferido as vantagens de alojamento na Amazon Elastic Cloud (EC2), quando comparado com o alojamento num *data center*. Constatou-se que os custos mensais de operação são muito mais reduzidos na *cloud*.

- Alojamento da plataforma de elearning da UAb: 4.200€/mês
- Alojamento da plataforma iMOOC na Amazon EC2: $171,13 ~ 160€/mês

Mesmo considerando que as arquiteturas são diferentes, sendo a plataforma de elearning da UAb constituída por um cluster de 4 servidores, e assumindo um custo quatro vezes mais elevado para a *cloud* Amazon, a redução é da ordem dos 84%.

Esta discrepância deve-se ao facto de o alojamento em *data center* incluir serviços dispendiosos de monitorização e manutenção contínuas da infraestrutura por forma a assegurar um *uptime* elevado. Essa gestão é feita pelo cliente no caso da Amazon, cujo serviço também permite maiores economias de escala.

7. Considerações finais

Há uma interdependência crescente entre a capacidade das empresas em usar as tecnologias da informação e a sua capacidade de implementar estratégias corporativas e atingir eficazmente os objetivos a que se propõem. O que uma empresa pretende fazer no futuro depende fortemente do que os seus sistemas poderão ou não fazer.

A seleção do hardware e software é uma importante decisão porque se trata de uma questão basilar na gestão das tecnologias de informação e cuja solução terá impacto nos processos de negócio e na performance da organização. Nem sempre o simples investimento em hardware e software garante, por si só, o alcance dos objetivos pretendidos.

A gestão tem de planear adequadamente qualquer implementação de TI para não ter que enfrentar consequências negativas. Uma má seleção de um pacote de hardware/software pode vir a ser caro e afetar adversamente os processos de negócios. A análise exaustiva dos fatores críticos de sucesso, os grandes problemas que a organização enfrenta, as oportunidades de melhoria, os requisitos principais, os objetivos e cronograma devem ser feitos criteriosamente antes de escolher qualquer hardware ou software.

Estes investimentos devem ser orientados para o negócio e já que a maioria das vezes têm custos bastante elevados, é necessário calcular o seu contributo para os objetivos do negócio e da organização. Deve-se ter em conta a estrutura organizacional, os processos e os recursos disponíveis.

Hoje em dia, é crescente o número de empresas que obtêm o seu software de fornecedores externos. O benefício mais importante é que permite à empresa concentrar-se no seu *core business* ao invés de se focar em questões de tecnologia.

A escolha entre desenvolver o próprio software, adquiri-lo ou alugá-lo a um fornecedor de software depende muito da organização, da sua dimensão, necessidades de negócio, *know-how* e da quantidade de armazenamento e processamento de informação.

A organização deve analisar fatores com disponibilidade, confiabilidade, tecnologia e custos. Deve examinar como o uso do serviço irá impactar com a cultura organizacional e como o fornecedor externo aborda os aspetos organizacionais e de negócios e se essa abordagem vai de encontro às necessidades da organização.

Neste trabalho expusemos os principais componentes do elearning e verificamos que este tipo de sistemas está atualmente a enfrentar desafios de otimização de gestão de recursos em larga escala e de aprovisionamento, dado o crescimento de utilizadores, serviços, conteúdos de ensino e recursos.

Apresentamos a *cloud computing* como uma tecnologia a ser considerada pelas organizações na implementação de um sistema de elearning. A *cloud computing* pode promover uma nova era de aprendizagem, tendo a vantagem de sediar as aplicações de elearning em nuvem, reduzindo os custos de construção e manutenção dos recursos de aprendizagem. Numa comparação efetuada na Universidade Aberta relativamente ao alojamento em *data center* e na *cloud* da Amazon, verificou-se uma redução de custos na ordem dos 84%.

A tecnologia *cloud computing* é, em suma, apropriada para a migração de sistemas de aprendizagem, dada a sua escalabilidade, flexibilidade e custo reduzido.

Bibliografia

[1] Al-Zoube, M., E-learning on the cloud, *Intl. Arab Journal of e-Technology* 1(2), 58–64, 2009.

[2] A. Fernandez, D. Peralta, F. Herrera e J.M. Benitez, An Overview of E-Learning in Cloud Computing, Workshop on LTEC 2012, AISC 173, pp. 35-46. Springer- Verlag Ber, 2012.

[3] Aashita Jain, Sonal Chawla, *International Journal of Latest Research in Science and Technology*, Volume 2,Issue 1 :Page No.478-481, January-February, 2013.

[4] Buyya, R., Broberg, J., Goscinsky, A., Cloud Computing: Principles and Paradigms. John Wiley and Sons, 2011.

[5] Christopher Pappas, The Ultimate List of Cloud-Based Learning Management Systems, http://elearningindustry.com/the-ultimate-list-of-cloud-based-learning-management-systems, acedido em 24/06/2014.

[6] Christopher Pappas, The Ultimate list of Open Source Learning Management Systems, http://elearningindustry.com/open-source-learning-management-systems, acedido em 24/06/2014.

[7] D. Kasi Viswanath, S. Kusuma and Saroj Kumar Gupta, Cloud Computing Issues and Benefits Modern Education, *Global Journal of Computer Science and Technology: Cloud and Distributed*, Volume 12 Issue 10 Version 1.0, July 2012.

[8] Dong, B., et al. An e-learning ecosystem based on cloud computing infrastructure. in Advanced Learning Technologies, ICALT 2009. Ninth IEEE International Conference, 2009.

[9] Faten Karim, Robert Goodwin: Using Cloud Computing in E-learning Systems, International Journal of Advanced Research in Computer Science & Technology (IJARCST), Vol. 1 Issue 1, Oct-Dec 2013.

[10] Gurdev Singh, Harmandeep Singh, Cloud Computing – Future Solution for Educational Systems, International Journal of Enterprise Computing and Business Systems, Vol. 2 Issue 1, January 2012.

[11] Hurwitz, J., Bloor, R., Kaufman, M., Halper, F., Cloud Computing for Dummies. Wiley, 2010.

[12] Joel S. Mtebe, Exploring the Potential of Clouds to Facilitate the Adoption of Blended Learning in Tanzania, International Journal of Education and Research, Vol. 1 No. 8 August 2013.

[13] Michael F. Frimpon: A Re-Structuring of the Critical Success Factors for E-Learning Deployment, American International Journal of Contemporary Research, Vol. 2 No. 3; March 2012.

[14] Oye David, Mazleeena Salleh and Noorminshah Iahad, The Impacto of E-leaning in Workplace: Focus on Organizations and Healthcare Environments, International Arab Journal of e-Technology, Vol., n.4, June 2012.

[15] Pocatilu, P., Alecu, F., Vetrici, M.: Measuring the efficiency of cloud computing for elearning systems. W. Trans. on Comp. 9, 42–51, 2010.

[16] S.Hameetha Begum, T.Sheeba, S.N.Nisha Rani, Security in Cloud based E-Learning, International Journal of Advanced Research in Computer Science and Software Engineering, Volume 3, Issue 1, January 2013.

[17] T. Arh, B. J. Blažič. E-Learning in Practice – An Empirical Study of the Impact of Web 2.0 Technologies and E-Learning on Companies' Business Performance. Proceedings of ICELW – International Conference on E-Learning in the Workplace, 2012.

[18] Teixeira, A., & Mota, J. (2013). Innovation and Openness through MOOCs: Universidade Aberta's Pedagogical Model for Non-formal Online Courses. Proceedings EDEN Conference 2013, 479-488. Oslo, Norway.

[19] Thongchai Kaewkiriya and Nattavee Utakrit, A Model of an ELearning Management System Based on Cloud Computing and Web Service, Information Technology Journal, Vol.8, No.1, January-June 2012.

[20] Utpal Jyoti Bora, Majidul Ahmed, E-Learning using Cloud Computing, International Journal of Science and Modern Engineering (IJISME) ISSN: 2319-6386, Volume-1, Issue-2, January 2013.

Cristina Leal, Estudante do Mestrado em Informação e Sistemas Empresariais (UAb/IST). Tem formação inicial em Gestão e Mestrado em Análise de Dados e Sistemas de Apoio à Decisão da Faculdade de Economia da Universidade do Porto. Trabalha atualmente como responsável do Departamento de Controlo e Gestão de Risco de uma grande empresa.

Vitor Rocio, Professor Associado da Universidade Aberta (UAb), Doutorado em Informática pela FCT/UNL, em 2002, é licenciado em Engenharia Informática pela mesma Faculdade, desde 1993. É Vice-Coordenador do Mestrado em Informação e Sistemas Empresariais da UAb e do Instituto Superior Técnico. Integra a equipa que gere a plataforma de ensino da UAb. As suas áreas de interesse centram-se nas tecnologias de elearning, ambientes web 2.0 e tecnologias das línguas humanas.

104

(esta página par está propositadamente em branco)

Notas Leitura / Recensão Crítica

Título: **Moodle for Mobile Learning**
Língua: Inglês
Autor: Mark Aberdour
Lançamento: Setembro de 2013
Editora: Packt Publishing
Paperback: 234 págs
[235mm x 191mm]
ISBN: 1782164383
ISBN13: 9781782164388

Autor da nota leitura/recensão crítica:
José Bidarra, Coordenador da Secção de Informática, Física e Tecnologia, Professor no Departamento de Ciências e Tecnologia da Universidade Aberta

Introdução

Esta obra vem ao encontro das necessidade de muitos docentes, profissionais e investigadores que procuram desenvolver uma estratégia de aprendizagem a distância baseada em plataformas móveis. Em primeiro lugar, procura clarificar a melhor forma de usar dispositivos móveis para melhorar a aprendizagem em cursos online. Em segundo lugar, descreve e explora o potencial da plataforma Moodle em termos de *mobile learning*, nomeadamente, seleção de um estilo do Moodle que seja *mobile-friendly*, exploração da *app* Moodle Mobile, uso de componentes multimédia estáticas e dinâmicas, entre outras possibilidades. Existem no livro inúmeras sugestões de atividades de aprendizagem que são perfeitamente adequadas para interação em dispositivos móveis. Por exemplo, o fornecimento de *podcasts*, ligação com redes sociais, aplicação de fotografias, uso de áudio e vídeo, criação de *eBooks* e bibliotecas de *Apps*, envio de *feedback* em áudio, *logs* reflexivos, ferramentas de fórum e *chat*, e muito mais.

O livro está centrado na aplicação de recursos e na utilização de dispositivos móveis, que podem ser aproveitadas em cursos *online* baseados no Moodle. Há apenas uma única secção sobre a configuração do Moodle para interação com dispositivos móveis, que é destinada mais a administradores Moodle, no entanto, mesmo este capítulo será útil para os profissionais e docentes que necessitam de desenvolver recursos e fazer alguma alteração necessária no sistema. O livro não exige qualquer conhecimento prévio da tecnologia móvel ou dos recursos dos *smartphones* ou *tablets* mais recentes.

Quer o leitor seja um utilizador experimentado de dispositivos móveis ou um neófito neste matéria, o livro oferece informação útil e uma abordagem prática com exercícios práticos e guias de orientação para que o leitor possa proporcionar experiências de aprendizagem móvel eficaz usando o Moodle.

Desenvolver uma estratégia

Neste novo cenário emergente, perante a inevitabilidade da incorporação das tecnologias móveis no ensino, em especial no Ensino Aberto e a Distância (EAD), esta assume-se como uma temática importante, sendo no entanto claro que o uso das tecnologias em educação não constitui obrigatoriamente inovação educativa. Também a utilização da plataforma Moodle por si só não traz nada de novo aos modelos de EAD.

O interesse em *mobile learning* está patente no gráfico apresentado na pág. 17 (fig. 1), que representa o crescimento constante da investigação académica (publicações) nesta área desde o ano 2000.

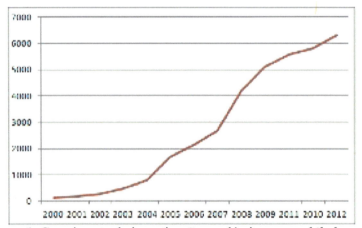

Figura 1. Crescimento da investigação académica em *mobile learning*.

O primeiro capítulo do livro é talvez o mais interessante de ler porque abrange os vários aspetos da construção de uma estratégia para a aprendizagem com dispositivos móveis, mas focando mais nas metodologias e nos modelos do que nos dispositivos ou características técnicas do *hardware*. Assim, começa por definir um modelo que segue necessariamente várias etapas, colocando as questões relevantes: quem é o público-alvo, como usam os utilizadores os seus dispositivos, que utilização no contexto educacional ou de formação profissional. No final são apresentados dois casos ilustrativos, da Universidade de Sussex e na Universidade Aberta do Reino Unido. Este último caso é especialmente interessante por se tratar de EAD, considerando que a Universidade aberta no Reino Unido sustenta um dos maiores sites Moodle do mundo. Atualmente, a universidade usa o Moodle 2 como plataforma principal para os programas *online* OpenLearn e para toda a formação académica. Esta implementação do Moodle tem diariamente mais de 1 milhão de transações e mais de 60.000 utilizadores, havendo horários com picos de 5.000 utilizadores em simultâneo.

A opção desta universidade pelo Moodle Mobile remonta a 2010, tendo sido uma das pioneiras na introdução de *mobile learning*. Isto significa que não tiveram o benefício de todos os recursos *mobile-friendly* que agora existem no Moodle, mas tiveram em grande parte de criar a sua própria interface móvel do zero. Um exemplo da interface móvel da Universidade Aberta do Reino Unido é apresentado na figura 2 (p. 23).

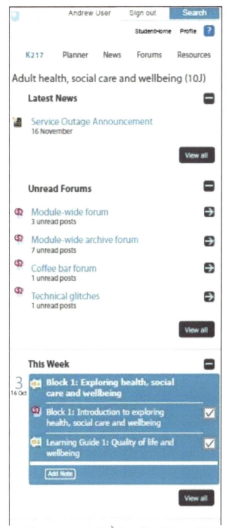

Figura 2. Interface móvel do Moodle (Open University, UK)

É acerca das perspetivas de inovação em educação com o uso do *mobile learning* que o autor nos faz refletir neste primeiro capítulo, constituindo um documento importante para aqueles que se preocupam com as tecnologias educativas no Ensino Aberto e a Distância. Os dispositivos móveis são a arena onde o futuro do Moodle vai ser jogado. Felizmente, o Moodle já fornece os meios para que isso aconteça e oferece ferramentas que permitem configurá-lo como o autor demonstra nos capítulos seguintes.

Usar o Moodle para o *Mobile Learning*

No segundo capítulo do livro o autor introduz os diversos estilos e modelos que permitem ao Moodle ser usado em plataformas móveis como *smartphones* ou *tablets*, usando três casos específicos como ilustração: o Clean, o Bootstrap e a aplicação Moodle Mobile (iOS e Android).

A forma mais simples de adaptação dos conteúdos aos dispositivos é a utilização de estilos que permitem aos *browsers* reagir de certa maneira, por exemplo, um ecrã com 1000 píxeis de largura pode suportar automaticamente 3 colunas enquanto um ecrã com

600 píxeis apenas suporta 2 colunas; no caso extremo de um *smartphone* com ecrã de 300 píxeis de largura apenas será apresentada uma coluna. É exatamente isto que faz o tema Bootstrap.

Mas mais interessantes são as aplicações para Android e iOS que podem ser obtidas gratuitamente nas respetivas lojas, com a designação Moodle Mobile, quer permitem recriar em HTML5 as funcionalidades do Moodle nos ecrãs mais pequenos, mas que também permitem usar a capacidade dos dispositivos móveis para capturar imagens, áudio e vídeo. A possibilidade de *upload* de materiais multimédia através destes meios vem facilitar a implementação de atividades de campo, por exemplo, envio de imagens sobre eventos que estão a ocorrer (meio ambiente, fábrica, escola, empresa, conferência) ou a investigação com registos em tempo real (fenómenos, experiências, recolha de dados, etc.). Também não ficou descurada a possibilidade de comunicação direta com colegas e professores através da aplicação móvel.

Ao longo de todo o capítulo 2 o autor fornece extensivamente tutoriais e informação técnica para a instalação e configuração dos vários temas e aplicações, incluindo o tema Clean do Moodle e a aplicação oficial Moodle Mobile. Existe também uma breve informação sobre outras aplicações proprietárias que podem ser usadas com o Moodle nos dispositivos móveis.

Distribuição e exploração de diversos conteúdos

Nos capítulos 3, 4, 5 e 6 são tratados aspetos relativos à exploração de vários tipos de conteúdos didáticos, respetivamente, estático, multimédia e audiovisual. O interessante nestes capítulos é que o autor não se fica pela configuração técnica através do Moodle, mas sugere atividades e modelos de utilização, por exemplo, a constituição de bibliotecas de *ebooks* ou recursos SCORM. Também os materiais multimédia são abordados de forma prática com exemplos relevantes como a criação de *podcasts* e *videocasts* que podem ser integrados em atividades relevantes para os alunos.

As atividades com base em recursos multimédia são melhoradas com as possibilidades dos dispositivos móveis em registar áudio e vídeo, o que permite o desenvolvimento de bases de dados de sons, imagens e videoclips. O seu uso didático é interessante, como mostra o autor, permitindo resultados que podem ser avaliados por via de relatórios submetidos pelos alunos. O capítulo 6 refere-se concretamente à utilização dos dispositivos móveis na elaboração de *reflective logs* (relatórios ou diários baseados em atividades de análise e reflexão) e à sua associação com *blogs*. Esta possibilidade pode igualmente fazer uso de materiais multimédia e audiovisuais, mas tem como grandes vantagens a informação *cloud* imediata por RSS e a facilidade de disseminação e interação no contexto de um grupo de estudo. Como é evidente, permite ainda a exportação de portfolios e a avaliação documental pelos docentes.

Avaliação e comunicação via dispositivos móveis

Os dois últimos capítulos referem-se essencialmente à criação de questionários (*quiz*) e à comunicação por mensagens com os utilizadores, centrando-se em aspetos mais técnicos do Moodle, procurando também a integração de recursos *cloud* como o

Google+ e o Twitter. A interação com os estudantes é sempre um dos pontos sensíveis no Ensino Aberto e a Distância, neste caso são extensamente tratadas as interações com recursos via questionário e as interações entre alunos e professores por mensagens, incluindo notificações por SMS e comunicação nas redes sociais.

O facto de todos nós diariamente interagirmos uns com os outros através de dispositivos móveis não ficou esquecido pelo autor, que demonstra como isso pode ser feito na prática através do Moodle e em contextos específicos de exploração didática. Tanto a vertente síncrona como a assíncrona das comunicações podem suportar atividades com elevado interesse pedagógico, embora haja um valor acrescido do ponto de vista motivacional. Já a discussão em volta da integração de redes sociais não é consensual, mas não deixa de ser um facto que a maioria dos alunos usa esses recursos *cloud* no seu ambiente pessoal de aprendizagem. Neste sentido, é de salientar a importância da promoção de uma pedagogia de participação e mediação colaborativa que está a contribuir para a mudança nas práticas de educação em rede na sociedade digital.